新装版

親鸞のコスモロジー

大峯 顯

法藏館

本書は、平成一三（二〇〇一）年刊行の『親鸞のコスモロジー』第六刷をオンデマンド印刷で再刊したものである。

親鸞のコスモロジー　目次

Ⅰ　生死を超えて――ほんとうの救いとは――

II　名号の宇宙——親鸞の念仏とは何か——

親鸞のコスモロジー

Ⅰ 生死を超えて

――ほんとうの救いとは――

生死を超える自然の道

親鸞と法然

『末灯鈔《まっとうしょう》』を手がかりにして、親鸞聖人の教えを学んでいきたいと思います。『末灯鈔』というのは、親鸞聖人の最晩年の信仰を、門弟たちの質問に答える手紙の形で述べたものです。

これに比べ、『教行信証《きょうぎょうしんしょう》』はすでに壮年の時代から筆を起こしています。それは、元仁元年（一二二四）五十二歳までに、関東の稲田で初稿本が出来あがり、還暦を過ぎて京都へ帰ってもまだ盛んに改訂されています。真宗の教義を集約したライフワークを意図するだけに、そこには、たくさんの浄土経典が引用されています。念仏によってなぜ救われるかという論理や証明を書いた漢文の膨大なテキストが至るところから引かれている。だから一般庶民にはとても難しいわけです。

親鸞聖人という人は、論理が非常に難しくて、ちょっと単純な心の持ち主ではないと思います。

明晰で平明という人の心ではない。もっと奥が深く、心の淵がのぞけません。しかも、ヒダがあってかなり屈折した心を持っている人のように思われます。

　これは、先生にあたる法然上人の書いた文章と比べますと、非常によくわかります。法然の書いた『選択《せんじゃく》本願念仏集』（略して『選択集』）という書物は、これは実に明晰です。仏教を聖道門《しょうどうもん》と浄土門《じょうどもん》に分け、そして自力聖道門では救われず、最後には他力の念仏しか残らないということを、きちんと明晰に述べております。「選択」というのは選ぶということです。釈尊の教えの中から阿弥陀の本願という念仏だけを選ぶわけです。本願が形をとった名号、つまり南無阿弥陀仏の名号を称える、それだけが極楽往生の間違いないただひとつの道だというのです。人間が本当に救われていく道は本願念仏しかない。たくさんの仏教の法門はあるわけですが、その中で、とどのつまりは、われわれはこれでしか助からない――そこのところを法然は実に明晰に述べています。カミソリで不用な物をスーッと切り落としていくみたいです。「愚痴《ぐち》の法然房」と自分では言っていますが、愚痴とはこの場合、「愚かな自分」の意です。また、「浄土宗の人は愚者になりて往生す」とも教えています。そういう凡夫の道だということを言っているけれども、自分自身はなかなかそうではない。すばらしい頭というか、心の持ち主です。

　法然は四十三歳の時、唐の善導《ぜんどう》の『観経疏《かんぎょうしょ》』を読んで回心《えしん》しました。『観無量寿経』の注釈書を読んで、その中の南無阿弥陀仏を称えることは仏の本願に順ずることだから、それで往生するのだという文章に触れ、はたと覚醒したのです。そしてはらはらと落涙しました。喜びの涙にむせんだ。けれども、これは生身《なまみ》の先生に教えてもらったのとは違います。誰かの説教を聞いて、それでわかったのではない。自分で書物を読んでわかったのですから、これはわれわれ凡人とはちょっと違う。また親鸞とも異なるタイプです。ともかく『選択本願念仏集』という書物は非常に明晰なのです。

中世のヨーロッパの思想家でいえば、法然は十三世紀の神学者トマス・フォン・アクィナスに似たところがあります。彼はアリストテレスのギリシャ哲学を使って、キリスト教信仰の真理を弁証した人ですが、このアクィナスの体系というのは、非常に知的な体系であり、整然としたわかりやすさで、信仰が人間の知よりも高いことを論証しています。しかし、彼によれば、人間の知識は全部捨てなければならぬものではなく、人間の理性による推論や証明の自由は信仰の中に包まれるわけです。信仰という知より広い領域の中で生かされ、許されるという、非常に調和《ハーモニー》のある考え方です。「信仰か知識か」の二者択一でなく、信仰の方が優位をもっている。信仰の領域の方が深くて広いとの認識に立ったうえで、その広い神の恩寵を信じるということの中で人間の理論的探究というものも許されるのだというのです。非常に明晰な論理の展開です。

それに比べ、宗教改革で著名なマルチン・ルッターは非常に過激《ラディカル》です。彼は「信仰のみ（sola fide)」を標榜します。人間は知識や善行などでは救われない、知識や善行は不要と言います。「ただ信ずる以外にない」というのがルッターの立場です。親鸞の信仰の立場はこのルッターにしばしば比べられます。両者とも信心というものしかないという点において、共通するからです。

人間は善行のできない罪人であるから、神の愛を信ずるしかない。信心さえあれば、すべてが許されていく。信心があれば、その人間のあるべき姿は、ひとりでに出てくる。ニュアンスの違いこそあれ、二人ともそういう立場に立ったわけです。

お先真っ暗だから救われる

法然上人には、どこか知的なところが感じられます。『選択本願念仏集』という書物は非常に論理的で、われわれでもなるほどとすぐ納得できます。これと比べて、『教行信証』という書物の論理は、ちょっとわかりにくいのです。親鸞聖人は、「なぜ阿弥陀如来はわれわれ衆生の往生のために必要な至心《ししん》、信楽《しんぎょう》、欲生《よくしょう》の三心を起こしたのか」という問いを出しておられますが、これこれだという明確な、わかりやすい答が返ってきません。まず「仏意量《はか》り難し」という言い方をされる。仏さまの心、意図というものは、とても人間にはわからないと言うのです。なぜ仏さまが「ナンマンダブツ」だけで救う、そんな願をたてたかということは人間ではわからない、「仏意量り難し」と言っているのですから、われわれはどこかはぐらかされたような印象を受けます。

それに続いて、「われわれ、衆生の心の中を見たら、清浄心、つまり澄んだ浄い心などもとから微塵《みじん》もない」と書いてある。実は答はそこにあるのです。なぜ南無阿弥陀仏で救おうという如来の本願が出たかというと、如来の心の中にこれこれのものがあるからだというのではなかった。

如来の心が、こうなっているというのではないのです。われわれの心の中には救われる条件はひとつもなく、それだから如来が自らその条件を作って、われわれに回向《えこう》してくださったのだ、というのです。これはつまり、われわれは救われないから救われるのだということです。これが親鸞の論理です。これこれの理由によって救われるというのではないのです。救われないことが救われることだ、そういう論理を語ったものです。

これは、ちょっとわかりにくいですね。救われないから救われるとはいったいどういうことか。これは論理学で言ったら矛盾律を破るパラドックス（逆説）に当たります。救われないから救われる。これは普通の論理ではない。しかし親鸞にとっては、そういう言い方でしか正確に、念仏の本当の真理を言うことはできない。これこれの理由で救われるなどと言うと、念仏の真理というものはどこかに消えてしまうのだということです。人間の言葉を差し向けるなら逆説でしか表現しようがないのです。「われわれは、なぜ仏に救われるのですか」――「救われないからだ」。これが、親鸞が発見した本願念仏の救済の論理です。

しかし、このことを六十四歳でガンで亡くなった私の門徒の人が奇《く》しくも言ったことがあります。そのT氏がある日、私のところへ来られて「お別れに来ました」と言うのです。いきさつを知らない私は、何のことかと驚きました。そうしたら「実はあと三カ月の命だと医者が言った」と語り始めました。門徒総代で日ごろから仏法を熱心に聴聞している人でありました。「もっと大きなショックを受けるかと思っていましたが、割合落ち着いておれるのが不思議です。目の前が真っ暗になると思っていましたが、お蔭さまで――」と静かに言われます。

そうはいっても平気ということはなかったのでしょう。一瞬は動揺もし、いろいろと悩んだに違いありません。けれども、われを取り戻したというのか、どうしてこんな静かな気持でおれるのか自分でも不思議だ。これが、仏さまの力なのか。自分の力ではない。自分の性格が強いとか、気力があるとかそんなことではない。自分でも不思議で仕方がない。そういうことを言って帰って行かれました。

私との話はその時はこれで終ったのですが、その後、私の家内に言われた言葉が私には実に感動的でした。話はすこし前後しますが、この人は二十年以上も真宗の話を聞いてきましたが、はじめは、いろいろと理屈を言って私とも相当議論があったりもしました。きっと、浄土真宗なんかありがたくなかったのでしょう。ところが、十年ぐらい前から真剣になってきました。人柄も多少変わってきたようです。亡くなってから娘さんが「若いころの父とはぜんぜん違ってきた」と言ったくらいです。ずいぶんと気性の激しい人で、地域の議員を長く務め、精力的な実業家で、まあ円満なタイプには当てはまらない人でした。しかし総代として住職を助けて寺の世話に骨身を惜しむことはけっしてありませんでした。むろん武勇伝やエピソードもあり、それだけに私には忘れられないなつかしい人のひとりです。その本人が家内にこう言ったそうです。「ご住職は阿弥陀さまを信じなさい、と口を開けばいつも言われたが、実はなかなか信じられなかった。そうは素直に信じられませんでした。ところが、私はあと三カ月で死なねばならないとわかった今、はじめて、私はお浄土へ生まれるのだと知らされました」。私は死ななければならないということがわかったから、仏さまの永遠の命の中に必ず救われていくということがわかったと言うのです。

これは実にパラドクシカルな言い方です。この人は「死ななければならないのだけれども極楽へ往く」とは言わなかった。「私は死ななければならないからお浄土に生まれる」、「今私はお先真っ暗だから救われていく」とその人は言ったのです。お先真っ暗だから救われていく。これが、とりもなおさず浄土真宗だと思います。お先真っ暗の絶望的な私だから、まちがいなく如来に救われていく。真宗の教えは、まさにこの一言に尽きるのです。

私はこの人は、やはりここ数年でそういう心境に近づいていったと思います。しかし医者の宣告を受けなかったら、なかなかそれはわからなかったでしょう。その何カ月か前、たまたま入院中だった私を見舞に来てくれた時には、とても元気でエネルギッシュでありました。すこし体調を崩していたようでしたが、まさかガンだということはわからなかった。自分がこんなに早く死ぬなど思いもかけなかったでしょう。だから往生浄土などと言ってもあまりありがたくない。まだこの世がいいと思っていた。ところが、いよいよこの道は絶体絶命だと知って、それで「私は浄土に生まれる」という先の言葉が口を衝いて出たのだと思われます。

これが浄土真宗です。どこか、助かりそうだから助かるのではありません。助からないということが本当にわかった時が助かる時です。往生浄土の話が何だか夢みたいだと思っている人は、まだこの世を信じているのです。まだまだ死なないと思っているから、自分を助けてくれるものがどこか自分の方にあると思っているから、仏の力が信じられないわけです。

したがって、親鸞聖人は、「なぜ南無阿弥陀仏によって救おうという仏の願が出てきたのか」という問いに対して、「仏意量り難し」と、「人間の頭ではわからない」と、こうおっしゃる。けれども、「私の方の心の中には暗黒しかない。これはわかる」――と、そういう答を書いておられる。この言い方は理論的な説明ではないのです。「なぜならば」ではないからです。一方、法然の言い方は「なぜならば」でくる。論理的に展開するわけです。非常に整然と書いてあるから、読む方からしますと、頭では非常にわかりやすいのです。けれども、その論理は間違ってないのですが、どこかこれは悟った人の言っていることだなという具合に思われます。その点、親鸞の論理は普通の論理とは違うところがあります。『教行信証』などは、それでもまだ一応論理的と申せましょう。

それに対して『末灯鈔』というのは、最晩年になって書かれています。なにしろその中の一番最初の手紙は七十九歳の折のものです。親鸞は九十歳の往生ですから、ずっと八十歳の末まで書きつづけている。八十五歳のころと推定される手紙の中には、「目も見えず候。なにごともみな忘れて候」という文句が記されています。目も不自由となり、昔読んださまざまな聖教もみな忘れてしまった。善導大師がどう言った、曇鸞《どんらん》はどうだったとか、そんなことは全部どこかへいってしまった。何もかも忘れてしまったけれど、仏にすべてをまかせる、このことの大事だけはいよいよはっきりとしてきた。そういう心境の中で、これらの手紙は書かれております。

余計なことはみな忘れてしまった――私どもは余計なことは覚えていて、一番大事なことを忘れてしまいがちなのですが――親鸞は忘れるものが違いますね。われわれはつまらないものは覚えている。どうでもいいようなことにいつまでもこだわっていて、常に仏に護《まも》られているという一番大事なことをどこかに忘れています。けれども、「目も見えず候」の親鸞には一番大事なことはますますはっきりしている。「こんなに老いてしまった自分はきっと先に往生することだろうから、浄土で必ずお待ちしています」と、ある弟子に書き送っています。

清沢満之の言葉

『末灯鈔』はそうした円熟した老年の親鸞の信仰の表現でありますから、仏法を非常に単純化しており、しかもその単純なことを何度もくり返しています。たとえば、「自然法爾《じねんほうに》」ということがそうです。衆生が如来に救われるという出来事は、私のはからいのとどかないことだということです。「自然《じねん》」の「自」とは、「おのずから」とか「もとより」の意、「然」は「然《しか》らしむ」の意です。晩年の親鸞はこの唯一の思想をめぐって実にさまざまに言葉をくり返しています。

ところで「自然《しぜん》」という言葉は、明治以後はnatureというヨーロッパの言葉の訳として使われてきましたから、現在ではわれわれの目に触れる山、川、太陽、星、あるいは動物を含めてそういう対象を指す語だという具合に考えられています。けれども、この言葉は明治になって突然出てきたわけではなく、『万葉集』や中世以降の日本のいろいろな文献にもあるし、老荘のテキストや浄土経典にも出ています。たとえば『無量寿経』の中に「悪趣自然《じねん》に閉じん」というような使い方があります。これは名詞的に物の名前、物そのものを指しているのではないのです。自然物や自然界を言い表わしているのではなくて、事物の本来のあり方、すなわち人間のはからいを超えた事柄の姿のことを指している語です。

考えてみたら、この意味での自然を出るものは何ひとつないと申せましょう。私たちがこの世に生まれてきたのも自然、つまり「おのずからそうなった」ので、私が生まれようと思って生まれたわけではありません。いや、親が生もうと思ったからだ、と言っても、生みたいから生まれるものではない。そんな簡単なことではありません。それなら、どうしても子供ができないと悲しむ人などいないはずです。欲しいから生まれてくるのではありません。欲しくなくたって生まれてきます。

これはみな「もとより然らしむる」ということで、万事はこの意味の自然から一歩も出ることはありません。試験管ベビーだって、たんに人工的な力だけでは生まれることはできないでしょう。試験管だろうが、普通の誕生であろうが、生まれるというそのこと自体には、人間の力はひとつも加われない。「もとより然らしむる」、そういうことです。今もまっさらな神秘がそこにはあるのです。生まれるとは、人間の小さな個体の中を大きなものが通りすぎる出来事なのです。

大きなもの、言い換えると、自分の個体の中に収まらないものが、私の小さな個体の中を貫くこと、それを誕生と呼ぶのです。そういう仕方で、われわれはこの世に生まれてきたわけです。私の個体の枠の中に収まらないものが私を貫いたということが、私の誕生ということでしょう。それは両親の手にも余る出来事なのですね。両親という個体をはみ出るような事柄が両親において起こった。みな「もとより然らしむる」という形で、この世の生を享けるわけです。同じように、この世の生を終るということも「もとより然らしむる」です。人間の死はとうてい人間にはからうことはできません。一昨日、六十歳の人が心臓マヒで亡くなりました。どこも身体に悪いところはなかった。その晩、近所に火事があって、それを見て家へ帰り、商売の帳簿をつけているうちに突然倒れて、そのまま死んでしまったのです。あんまり急だから、奥さんはまだ悲しめないのです。きょうのお葬式でもポカンとしている。涙も出ない。これは防ぎようがありません。どこか身体が悪かったのならともかく、とても元気な人でしたから――。人間の命というのはわれわれの手に余る、どうしようもないものだと知らされます。

　生と死というものの本来の姿を、そういう出来事に出会うと強烈に見せつけられる思いがしますね。私どもは、平生《へいぜい》自分の命を自分で管理できるもののように思っております。けれどもそれは、きっと幻想《イリュージョン》なのでしょう。実際は容赦のない、苛酷なことが現実に起こるわけで、それが「もとより然らしむる」です。なんの〝祟《たた》り〟でもありません。私の命というもののあるがままの姿です。生まれてくる時も、死ぬ時も、私の力を超えて「もとより然らしむる」です。それどころか私の人生の一瞬一瞬がみな「もとより然らしむる」であって、私の力でないものによって営まれているわけです。私の命は私の手の外にあります。

明治の偉大な宗教者清沢満之《きよざわまんし》は、「我等は絶対的に他力の掌中にあるものなり」（「絶対他力の大道」）と書いています。人生の万事は如来の手の中にあって私の自由にはならない。阿弥陀仏の絶大な力の中でしか何ひとつ起こりはしない。絶対の如来の掌中にあるということは、たのもしい如来のはからいのままにあることですから、それは大きな安心と自由と解放感ということにほかならないのです。私がどういう生き方をしようが、どういう死に方をしようが、みんな如来の掌の中のことだから気楽です。いつでもどこでも如来の摂取《せっしゅ》の中にあるというのが私の存在の実相だ、ということを言っています。

この人はとてもおもしろい人で、たとえば原稿が書けなかったら、それは如来さまが「書くな」と言っているのだと言うのです。どうもいい知恵が浮かんでこないというような時、普通なら、「なんと自分はこう頭が悪いんだ」などと思うのですが、彼は違います。それは如来さまが「今は書くな」と言っているのだ。そして、またすらすら書け出したら「それ、書け」と如来が命じたのだと言うのです。ご飯をいただくとなると、如来さまが「食べろ」と言っている。下痢で腹の具合が怪しい時は、「今日は普通のご飯はやめて、おもゆを食べろ」、そんなふうに如来が言っているのだと清沢満之は言っています。これは実に徹底した他力の体験で、とても具体的です。こうして清沢満之は安心したのです。

如来の絶対他力の掌中にあるのだから、これはもう絶対の安心です。私のことはすべて仏さまにみな見抜かれているとなったからには、私はもうこのままでよい。自分でくよくよする必要など、すこしもありません。自分の責任だなどと、自分を責める必要もない。そうかといって自分の手柄だとうぬぼれることもない。高慢心も卑下心もなくなるのが、如来の掌中にあることの姿です。私の人生の一切は如来の力の域を出ない。自分の功績と思うこともなければ、自責や後悔も要りません。つまり余計なはからいは要らない。後悔などによって世界はすこしも開けないのです。

他力を信ずるということを徹底したらこうなると思います。一般には、死ぬ時だけが仏さまの他力で極楽に連れて往ってもらえる——死後の問題だけを他力にまかせて、この世のことは自力だと思っているようですが、そうではありません。他力が相対的ならそういうことになるでしょう。しかし、死後をまかせることは現世をもまかせることです。この世もあの世も、共に仏の力の中にあるということが絶対他力の安心なのです。

十九世紀のドイツの宗教哲学者シュライエルマッハーが「絶対依存感情」が宗教だと言ったのも同じことです。この場合の宗教とは、「宇宙」に絶対に依存しているという人間の感情のことです。人間は絶対的に大いなる宇宙にもたれかかってしか生きられない——この事実を直接に感じることを宗教と言う。宗教というものの本質をこれほど端的に言った人はいません。人間存在の根底は、人間の力を超えた力にある。その力によって、この私はこの私なのです。その力なしには、私は生きることも死ぬこともできない。泣いても笑っても、大きな宇宙にまかせる以外にない。シュライエルマッハーは、母に抱かれた赤ん坊のようになって、宇宙にまかせきって生きることが宗教だと言ったのです。人間は宇宙の前では赤ん坊以外の何ものでもあり得ません。

これは、清沢満之の弟子の暁烏《あけがらす》敏《はや》も言っているところです。彼は「諸君、諸君は如来の前に赤子となれ」と述べています。赤子というのは、母親に対してひとつも遠慮しません。したいことをする。あまり泣き止まないと、母親が苦労するかな、なんて思わない。泣きたい時は泣くし、笑いたい時は笑う。ちっとも母親に気がねなどしません。ちょうどそれと同じように、宇宙という母親の胸に、われわれはもうすべてをまかせて抱かれているのです。それを感じることが宗教の本質だとシュライエルマッハーは言うのです。これはまさにすべての世界宗教に通じる性質と言えるでしょう。

金子大栄が書いていますが、アメリカの進駐軍が来た時、真宗の話をするために呼ばれたそうです。その時、向こうが事前に配布したパンフレットに「浄土真宗とは、親鸞という人が開いた〝一宗派〟だ」と書いてあったらしいのです。それはそれで間違いはない。辞書を見てもそう書いてあります。浄土宗は法然、日蓮宗は日蓮が開いた仏教の一宗派——これは一般には理解しやすい。けれども金子先生は、「それは仏教史というものを誤ることである。浄土真宗というのは親鸞という人が自覚した〝大乗仏教そのもの〟だと言って欲しい」と述べたそうです。

だいたい、真宗は浄土真宗本願寺派とか、真宗大谷派とか言い過ぎる傾向があるようです。それを言い出したら、宗派の看板になりまして、有限なものになるわけです。他の宗教とどう違うかというようなことばかりが問題になってくる。こうなりますと、宗教も一種の事業になってしまうのです。人間存在は、セクトによって救われるのではありません。人間はどのようなものに救われるかというと、誰のものでもないものによって救われる。如来の本願という広大無辺なものによって救われるのであって、セクトの教義によって救われるわけではないでしょう。誰のものでもない、広大無辺な「もとより然らしむる」という宇宙そのものの理法に従う時、われわれは救われていくのです。それ以外に救われようはありません。だから如来の本願には、我という主体がないのです。

摂取不捨のはたらきが阿弥陀

阿弥陀の本願と言いましても、まず阿弥陀さまがおりまして、その阿弥陀さまが本願を起こしたというふうに考えると間違いです。「弥陀の本願」とは阿弥陀という仏さまがいらっしゃって、その方が十方衆生を救おうとの願いを起こされた――こう受け取りますと、これはもう本願ではなくなる。それでしたら、本願という広大無辺なものを、なにかひとつの主体の枠の中に閉じ込めることになる。枠に入れることになってしまいます。

ところが私たちは普通、どうしてもそうした発想をしてしまいます。これは誰の物かと所有者や主体を決めようとする。これが人間のはからいなのです。だから弥陀の本願でも、まず阿弥陀さまがいて、それが発願して、十方衆生を救うという本願を成就した、というふうに考えがちですが、そうではなくて、本願が先にあるのです。主体なき本願というものが、形をとったのを阿弥陀仏と呼ぶわけです。

本願という広大無辺なもの、われわれの世界の根底にある、あらゆるものを捨てないという根源的な願い。この願いには主語はありません。有限なものには主体がありますけれども、広大無辺なものに主体などありはしません。ひとりも捨てない、十方の衆生をひとつも捨てないという本願。すべてを包もうという願いに、主語があったらおかしいわけです。つまり本願は無我です。

ここのところを親鸞は和讃でこう言っています。「十方微塵世界《じっぽうみじん》の　念仏の衆生をみそなはし摂取してすてざれば　阿弥陀となづけたてまつる」。十方の世界の念仏をする人を、ずっと見ていて、見るということは眼の中に入れるわけだから収め取るということですね、そしてどんなことがあっても捨てることがない。そういう摂取不捨のはたらきのことを阿弥陀という、と言っているわけです。阿弥陀仏がいて、それがどうかするのでなく、そういう摂取不捨の誓いが根源的にある、それを阿弥陀と言うのです。

この言葉は実に繊細に、阿弥陀と本願との順序を言っているのです。われわれはまず「阿弥陀仏の存在を証明してください」と、こうなりがちです。「阿弥陀仏というのが本当にいたら信じます」「極楽浄土をまず見せてもらったら、そこに生まれることを本気に信じます」。そんな順序では、どこまで行こうと極楽など見つかりはしません。阿弥陀仏に遇《あ》えるわけがない。それははからいだからです。はからいを捨てたら、つまり拝むというところに阿弥陀仏も浄土も表われる。

そうでないと、永遠に出遇うことはできません。命というものに出遇うためには、命を拝むことがなければなりません。命をわれわれは一番大事に思っていますが、その大事な命と出遇うには拝むしかないのです。

昔はご飯をいただく時、必ず合掌しました。今でも家庭によっては、その習慣が残っていますが、あれは仏を拝んでいるのです。自分の目の前にある野菜、魚、肉――実はみんなこれは仏なのです。キリスト教では、それを神さまからいただいたものとして「アーメン」と十字を切ります。神さまからいただいたものというのと、仏そのものとはすこし意味が異なります。キリスト教の場合には、目の前の魚や野菜はみな神さまがくださったものだから、神に感謝する。仏教の場合はもっと端的です。お皿に載っているその魚が、私の命を養ってくれる仏そのものなのです。ここのところを誤解して、仏さまがくださったなどと受け取ると間接的になってしまいます。魚であろうが、米であろうが、野菜であろうが、みんな私のために、命を投げ出してくれているのです。自分の命を投げ出してくれたものを「仏」と呼ぶのです。

私たちは物の命を取らなかったら、一日も生きていけない。私が生きているのは、他の命が死んでくれたお蔭です。私どもの命は生命の矛盾の上に成り立っています。自分の命を養うために、自分以外の命を取らなければならない。そうしないと私は死んでしまう。罪深いことです。自分が手を下して殺したわけではないが、間接的にはそうです。すべての物は私の命を養うために命を投げ出してくれた仏です。だからみな合掌するのです。「仏さまがくださった」では、なまぬるい。物の命は仏そのものです。

たとえば栂尾《とがのお》の明恵《みょうえ》上人は、野菊の花に合掌したという有名な話があります。彼は秋の野菊を見て、これは神さまが創った、などとは言いません。この美しい一輪の野菊の花、これは仏そのものだ、これが仏だ、と言ったのです。目の前に仏があったのだと。仏がそれを咲かせたと考えるのは、すでに理屈というかひとつのはからいであって、この花、この花の命が仏だと明恵は手を合わせます。まさに命というものとの根源的な出遇いのことを言った逸話です。

自己とは何か

そういうわけで、先の親鸞の和讃は、われわれが仏に出遇う順序のことを教えているわけです。仏というものがどこかに先にいて、それが十方微塵世界の衆生を救うのではない。十方衆生を救うというそのはたらき以外に仏は別にありません。そうしますと、仏というのは、こちらから見る以前に私のところに現われ、私を支えるものとしてはたらいているものに他なりません。向こうにあるのではなくて、ここにある。仏を向こうに探しましたら、これは大乗仏教ではありません。「ここ」、そして「今」、私の現在の上にすでにはたらいている出来事を仏と呼ぶわけです。

それが「もとより然らしむる」ということです。「もとより」とは私より先にということです。私どもは、とかく自分というものを一番にしがちです。「自分より先」ということが、なかなかわからない。「もとより」とは根源から、宇宙の始まりからです。自分からではないのです。われわれは、いつも自己から、自分からと、すべて自分本位です。この「自分から」は、なかなか根強いものでありまして、たとえば、仏さまがどこにあるかを証明してくれたら信じます、というのは、自分という存在を自明のものと決めているからです。彼には、自分の存在ははっきりしているのです。そして仏さまの存在だけが不確実なのです。そこでこうした問いが出てくる。自分はちゃんとしていて、自分のことは解決済みと思っているのです。まだ未解決なのは仏さまがあるかないかだけだ、ということでしょう。

しかしこれは本末転倒です。「自分がどこにいるのか」が根本の問題なのです。仏教はいつも、自分はいったい何かというところから始まります。普通は、そんなことはとっくにはっきりしていて、自分のことはよくわかっている、わからないのは世界のことだ、こういう具合に思っていますが、そのわかったつもりのおまえというものは、いったい何か、ということが仏教の根本問題なのです。

だから道元禅師が言ったように、「仏道をならうというは、自己をならう也」(『正法眼蔵《しょうぼうげんぞう》』)であります。自己とはいったい何者か、私は誰かを究明することが仏教の問題の全部だというのです。その私(自己)とは、先の清沢満之の言葉の中に出ています。われらは絶対的に他力の掌中にあるものだ。生きても、死んでも、仏という絶対的な力の中を出ない。他力に抱かれており、それに摂取されているのが私というものの正体だということです。他力の中において清沢満之ははじめて自分というものに出遇ったわけです。仏さまに出遇うことによって自分に出遇った。「自分」

に先に出遇っておいて、次に「仏」に出遇うのではありません。仏に出遇うことが自分に根源的に出遇うことなのです。根源的にということは、つまり、仏が先ということです。

考えてみたら、私どもが生まれた時もそうではないでしょうか。自己自身の始まりなど自分ではわかりません。この世における始まりだって、両親は知っているかもしれないが、本人は知らなかった。どんなに自意識の強い子供でも、「今、おれは生まれる」などと自分の初めを自分で確認して出てくることはない。もうすでに自分より先なるものがあった。これは明々白々なことで、自我主義がとどかない次元が私自身の底にあるのです。

そうして、三歳か四歳ころのある日、自分というものを知るわけです。そこから自我が始まる。私とか僕という言葉を使った時が始まりと言います。その時、その子ははじめて自意識をもち、両親や他人を知る。しかし、そこで自分そのものが始まったわけではありません。自己は意識の根源ですが、自己そのものの根源は意識より以前です。自分そのものの始まりは普通にいう自分、すなわち自意識より先にある。それは両親とは別な次元です。私たちは自分、自分と、何もかもを自己の統制下に置けるように思っていますが、自己にはそうでない次元がある。自意識よりも先の次元があります。いったん自意識が発生しますと、こんどはすべて自分の自意識下にある、言い換えれば、自分というものが支配しているように思うのですが、初めにあった自分の自意識を超えたものが、実は絶えず私の自意識の根底にあるのです。その根源から、私は両親という縁を通って、この自分というものにやってきたのだと言えるでしょう。

それを錯覚して、自意識が出たからには、世界を全部、自分の力の統制のもとに占領したと思ってしまう。今までは自分のものでなかったけれども、それを占領した。そういうふうに自分本位に世界を見てしまいがちです。しかし私を超えていたものは、私の自意識の根底に、すこしもなくならないままに今もあるわけです。それが私どもが「仏」と呼ぶものだとも言えます。その根底の上において、「自分は自分だ」と言っているにすぎません。所詮、われわれは絶対的に如来の掌中にあるのです。われわれは知らないでも如来が私どもを支えているのです。それが摂取不捨です。その力にまかせておればいいものを、それがなかなかわからないものだから、私どもは、その摂取不捨の中で迷う。あれこれ心配したり、自分で善し悪しを決めこむ。如来に抱かれながら如来に抗《あらが》い、暴れ回っているのです。

見抜かれて救われる

これが煩悩具足、罪悪生死《しょうじ》の凡夫の人生です。凡夫というのはみなそうです。浄土真宗の話は、畢竟《ひっきょう》われわれには、もともと取柄《とりえ》はひとつもないという話です。浄土真宗とは、話をしている者も、聞いている者もみな取柄なんかないということです。みな落第生ばかり。それが道徳や学問の話と違うところです。学校の先生は生徒より博識で、見識も高く、取柄のある話をなさるが、お寺へは取柄のないものばかりが集まる。説教する方も取柄がない。そしてお互いに取柄のない者同士が、取柄のないままで如来の力に救われていくのです。

ですから、われわれはみんな如来に見抜かれて救われます。いい格好など、いくらつけても無駄です。全部見抜かれています。仏さまとわれわれの関係は、間に特殊ガラスを置いたようなものです。最近ビルなどに流行《はや》っているようですが、私の方から仏さまを見ますと、磨《すり》ガラスのように向こうはぜんぜん見えない。ところが如来の側からは透明ですから、こちらのことは全部まる見えです。われわれ凡夫の心底は、如来の前にとっくにまる出しになっているのです。

見抜かれると心配なように思いがちですが、実はこれほど気楽なことはない。心配なのは「ひょっとしたら見抜かれるのではないか」との気持がある間です。たとえば、恋人に本当の自分がもっと下らない人間だとわかったら逃げられるのではないかと恐れる。これは恋人を信じていないからです。信じられないと、よいところだけ見せようとするのでしょう。夫婦でも友だちでもそうです。結婚したての時はみな格好をつけてよいところだけ見せようとしますが、新婚時代も過ぎてだんだん年月が経ってくると、いつまでもそうはいかなくなり、よいところも悪いところも見せ合うようになる。最後にはもうお互い見抜かれながらその人そのままの生活になるのです。夫婦間の信頼とはそういうもののようです。

初めはみな見抜かれまい、見抜かれまいとしている。見抜かれたら愛想をつかされはしないかと思う。われわれにはどうしてもそういう根性があります。だから、如来の前へも何かよいところを持って行って、それで救われようと考える。悪人のままで助けると如来はいうけれど、実はやっぱり善人を助けるのではないか、と心配になってくる。これは如来を疑っている証拠です。

たしかに浄土門ではない聖道門では、自力の修行によって悟ろうというのですから、仏さまに絶えず採点されているようなところがあります。だから一方では常に不安がつきまといます。修行のあげくが、まだこの程度かとわかったらどうしようという不安です。

その点、他力念仏宗は安心なものです。もう最初から如来さまに見抜かれているわけです。何ひとつ良いことはできぬ凡夫だと、仏さまの方がちゃんとお見通しです。『歎異抄』の「仏かねて知ろしめして煩悩具足の凡夫とおほせられたることなれば」とはそのことを言っています。極楽など、とても往けるような代物ではないということを、とっくの昔からご存じです。十劫《じっこう》の昔から知りつくしている。そうしてその凡夫をそのままで救うというわけです。救われない凡夫ならそのままで救う以外にはない。どうにもこうにも修正しようのない罪悪生死の凡夫をそのままで救う。だから、私たちはみな見抜かれて救われる。見抜かれたら安心です。如来に見抜かれているくらい自由で気楽なことはありません。

これ以外に人間は救われようがないのです。どんなに世の中が進んでも、人類がどれほど変わろうと、最初から救われているという以外に、われわれの救われようはない。われわれは根源から救われているのです。これからどうかなったらではない。もとから救われているから安心です。私がこの世に生まれてくる前から、もう私の極楽往きは決まっている。これからどうかして極楽に往くのではありません。どうかしてなどといったって、われわれにはどうしようもないではありませんか。このことに気づくか、気づかないかでたいへんな違いがあります。

はからいを捨てる

親鸞聖人はこういう具合におっしゃったのです。つまり、仏さまに抱かれているということを一生わからずに、私は本当に孤独で不安だと思って死んでしまう人と、抱かれていることをわかっている人と、二種類ある。それを「信」と「不信」というわけです。抱かれているという事実は同じなのです。みな抱かれている。この宇宙の中に、仏に抱かれないで生きることなど誰にもできない話です。けれども、そのことをわかる人とわからない人がいる。これがわかったことを「信」と呼ぶのです。如来の本願を信じるというのです。

それでは本願を信じなかったら救われないのでしょうか。親鸞聖人はそんなことはおっしゃいません。ここがキリスト教のドグマとちょっと違うところで、阿弥陀さまは信心があるかないかを検査して、信心の人はこちら、無い人はあちら——そういう分け隔てはありません。「十方の衆生を摂取して捨てない」とおっしゃる。そこに親鸞聖人が「方便化身土《ほうべんけしんど》」という思想を出してこられたゆえんがあります。本願他力を信じる人は、「真仏土《しんぶつど》」に生まれる。それでは信じない人は地獄かというと、そうではない。他力を信じない自力念仏の人は化身土に生まれる、と述べています。化身土とは疑城《ぎじょう》・胎宮《たいぐう》ともいい、いわば極楽の端の方です。これとても極楽の外には出ないのです。八十三歳の親鸞は、これは如来の限りない慈悲を示すものであり、「仏恩《ぶっとん》のふかきこと、そのきはもなし」と『末灯鈔』の第二書簡に記しています。そして、その化身土でこんどは真実の仏法に出遇い、最後には結局みなが真仏土に至るというのです。

そういう「自然《じねん》」（もとより然らしむる）という思想が、この『末灯鈔』の中に非常にはっきりと、しかも単純に書かれています。「これ以外に浄土真宗はない」と言えるほどに単純率直な文章です。たとえば、先ほど弥陀の本願には主体というものがないと申しましたが、この思想は『末灯鈔』第五書簡の一節にも見られます。

無上仏《むじょうぶつ》と申すは、かたちもなくまします。かたちもましまさぬゆへに自然とはまふすなり。かたちましますとしめすときには、無上涅槃とはまふさず。かたちもましまさぬやうをしらせんとて、はじめて弥陀仏とまふすとぞききならひてさふらふ。弥陀仏は自然のやうをしらせんれう《（料）》なり。

われわれは仏さまというと、すぐに姿や形を限定しようとします。如来は私を無上仏という最上の仏にしようと誓われたわけですが、この無上仏には「形がない」とおっしゃる。形がないから「自然」と言うのだ。形がないものを「自然」と呼ぶ。だから、仏さまは「自然」なのです。私らがやがてそれになるところの仏は「自然」です。阿弥陀の本願は私を何かの形にしようとするのではない。形になったらそれは仏ではないわけです。阿弥陀の本願は阿弥陀という形の中には収まらないというのです。

「形がない」とは、三角とか四角とかの形態がないというだけのことではありません。観念上の形もないことです。見ることも考えることもできなければ、口で説明することもできない。どうすることもできないのです。それでは、お化けかというと、お化けもひとつの形です。仏に形がないとは、人間のはからいがとどかないという意味です。はからうと消えてしまうが、はからいを捨てるとはっきりする、それが自然ということだと思います。

私どもはみな、何かをつかんで安心しようとするわけです。人間これで安心という時は、つかめるものを背後に予想しているのではないでしょうか。月給をもらって安心。子供や孫が生まれて安心。就職して安心、家を建てて安心、みんな何かをつかんで安心するのです。「そのうちに差しあげます」では、なかなか安心できない。実際に手に入れて安心する。つかむとは、言い換えると限定するということです。私どもは無限なものを限定することによって安心する。いわば、小さくして安心するのです。何もしないままでは安心できない。何か手を加える。これは人間存在の根本の傾向であるところのはからいですから、自分の力では捨てられません。

これを自分の力で捨てようとするのがいわゆる自力聖道門で、人間存在の根本傾向を突破しようというのだから、非常な難行《なんぎょう》だということがよくわかります。はからいというものを自分で捨てようとする。これはまさにアルプスの懸崖《けんがい》を登るようなものですね。ともかく、この限定すること、はからうこと、形を作ろうとすること、自分の手に握ろうとすること——そのことが苦しみの因《もと》なのです。つかんだら安心と思っていたのが、本当は安心ではなく、苦しみの因だったのですね。しかしこのはからいは、やめようとしてもなかなかやめることができないものでありま す。人間存在とはまさに自己矛盾です。苦しみの因になることをやるわけです。そして、それがなかなかわからない。はからいを捨てたら助かるのだと言っても、そのはからいを自分では捨てられないのが人間というものです。

だからこそ、そこに阿弥陀の本願が出てきたのです。ひとから説得されて、はからいを捨てることができるような私なら、阿弥陀さまに救われる必要などないのです。それは自分で自分を救える人です。道理を聞かせてもらっても、わからないのが私というものです。ですからわからないこのままで救われる以外にないわけです。阿弥陀さまは私に道理を教え、「この私の言っていることがわかったら、おまえを極楽に連れて往こう」と言われているのではありません。私たちが、阿弥陀の道理なんかにけっして耳を貸す存在などではないということを、とっくにお見通しだから、そのままで救おうと言うのです。

他力の信とは、はからいというものが捨てないで捨てられる世界です。そういう世界しかわれわれにはないということです。それには阿弥陀の方が「南無阿弥陀仏」というはからいのないものを私に持って来てくださる以外にないわけです。はからいを捨てることができない者には、南無阿弥陀仏という薬を投与するしかない。この薬ははからいがない薬です。私どもは、この薬をはからいがない気持になって飲むのではありません。飲んだらはからいが無くなるのです。薬を飲まないで病気が治ることはありません。しかも、この阿弥陀さまの薬を飲む前後で気持が変わるということはありません。苦しいままに飲み、飲み終っても苦しみはすぐには消滅しません。しかし飲んだならば苦しみは必ず消えます。つまり苦の原因、本体が無くなってしまった。それが、はからいというものを「捨てないで捨てる」ということでありましょう。はからいが廃《すた》らないままで廃るということです。この出来事を親鸞は、「正定聚《しょうじょうじゅ》のくらゐに住す」とか「即ち往生を得る」と呼ぶのです。

称名念仏

そこで称名念仏ということが大事になってきます。信心、言い換えると仏の名を称えることは、薬を飲むということなのです。考えてみたら、念仏とは実に不思議なものです。最初は真似《まね》ごとみたいなことをやっています。けっして「如来さま、ありがとうございます」という南無阿弥陀仏ではありません。みんなが言っているから言うだけのことです。私どもでも子供の時、親が「念仏しなさい」と言うから称えた。その時は、すこしもありがたくない。ところが、だんだんやっているうちにそういう気持になってくる。これは如来の薬が効いてきたということです。

だから「正定の業《ごう》とは即ち是れ仏の名を称するなり」と言って、念仏を称名ひとつに純粋化した法然上人の功績には、はかりしれないものがあります。それまでは、念仏とは仏を観想することでした。阿弥陀さまや浄土のことを専心専念に考えるわけです。この場合念仏の「念」とは念ずるとか思うとかの意です。しかし法然によれば、このような観念の念仏は、智者の自力の道です。そんな観念ではわれわれ凡夫はとても救われないとして、法然上人が『観経疏』の中に発見された念仏は弥陀の名号を称えるということです。南無阿弥陀仏の名号を称える、これがすなわち仏の本願にかなう念仏だということです。この場合の「念」とは「観」ではなく「称」を言います。口称《くしょう》、つまり「南無阿弥陀仏」と口に出すことです。「一心に弥陀の名号を専念して、行住坐臥、時節の久近《くごん》を問わず、念々に捨てざるもの、これを正定《しょうじょう》の業と名づく。彼の仏願に順ずるがゆえに」。往生浄土の間違いないところの人間の行為はただひとつ、仏の名を称えることだけだ、という善導の言葉によって法然は助かったのです。

南無阿弥陀仏と口に出すことが肝要なのです。ありがたいと思おうが、思うまいがそんなことは問題ではない。弥陀の名号を称えるということ、これが往生浄土のための道だ。なぜなら、それが仏の願いに順ずることだから、というのが善導の教えです。仏願に順ずる。仏さまの名前を称えるということは、名を称えるものを仏にしようという仏さまの願いに従うことだと言っています。仏の名を口に出すことは、仏さまの言うことを聞くことなのです。つまり、称名ということは我《が》を捨てたということです。これは自力の念仏ではありません。よく仏を信じないで、いくら念仏したって仕方がないと言います。道元も「口先だけでナマンダブ・ナマンダブというのは、春の田で蛙が鳴いているようなもので、そんな称名念仏は何の功徳もない」と皮肉っています。これはたしかに一面の真理です。しかし、それは称名念仏を人間の自力の行と見るからではないでしょうか。念仏は、それにふさわしい心になって称えるものでなければ救われない――自力の立場から見ると当然そうなるでしょう。しかし、法然によれば仏名を称えることは、けっして私の功績ではないのです。仏さまの仰せのままに従うことだから、私の心がありがたかろうと、なかろうと無関係です。称名する衆生を往生させようという仏の願いにまかせること、それが称名ですから、それによって必ず救われるのです。それがとりもなおさず仏を信ずるということだ、と言えます。信心はつねに称名念仏という姿をとらざるを得ないのです。ここに称名念仏ということの真理があります。法然という人の偉大な発見だと申せましょう。

ところが、そうかといって口称にこだわりますと、またそれで間違ってきます。たとえば、一万遍称えたとか二万遍称えたとか、こうなりますと、称名が自分の功績になります。これは仏さまの力を自分の方へ取り入れ、自分の力にしてしまうことです。南無阿弥陀仏の名号は私のものではありません。広大無辺なものから私に与えられるものであって所有権は私にないのです。それを私は何遍称えたとか、一生称えていこうとかいうのは、称名の私物化でありましょう。そうなると他力でなく自力になります。だから法然はそこのところをちゃんと心得ていて、称名念仏というものは、仏願に順ずることだということをはっきりと教えてくださった。

『無量寿経』が説く阿弥陀仏の本願は四十八ありますが、念仏を称える衆生を救おうという願が根本の願です。「念仏往生の願」とか「選択本願」とか言われる第十八願がそれです。だから一口に本願と言いましても、帰するところ、称名・名号によって救おうという願のことです。阿弥陀さまは、手ぶらで救おうというのではない。手ぶらで救えるような衆生だったら、阿弥陀さまは要らないといってもよいのです。手ぶらで救われるとしたら、それは阿弥陀さまと同じ能力をもった存在でなければならないはずです。しかしながら、阿弥陀さまは、私どもがあらゆる行《ぎょう》の中でもっとも易しい称名によってしか救われえない存在であることを知っているから、自分自身を名号と化したわけです。

具体的にいえば、南無阿弥陀仏の名によって、私たちは仏さまにつながることができるのです。これが南無阿弥陀仏がなくて、「ただあなたは仏のことを一生懸命考えなさい」ということでしたら、私どもはいったいどこへつながればいいのでしょう。「念ずる」ということを観念、観想と解釈したら、私の心を浄化しなければ、できない話です。お金のことを考えたり、もろもろの欲望を起こしたらダメなのです。観想というのは、さまざまなことに散乱する煩悩の心から私を解放して、仏や浄土に向かって自分の精神を集中させる行のことを言います。

『観無量寿経』には日想観・水想観・地想観など十三の観法が説かれています。たとえば、青い水を専念に見つめている。初めは形のある青い水にすぎませんが、だんだん心が統一されてくる。そうすると澄み切った水の中に極楽浄土の瑠璃の大地が見えてくる——これが水想観です。たしかに、そういう道も浄土の教えにあるわけですが、そういう観法の途中で、ひょいと「あっ、しまった。ガスを消すのを忘れてきた」などと思ったとたんに文字どおり水の泡です。せっかく澄みかけた心にちょっとでも波紋が入りますと、それでおしまいです。念仏が観想だとすれば、これほど難しいことはない。念仏の思想は初めは、そういう形で日本に入ってきたのです。これが比叡山の天台念仏の大きな特徴です。

ところが、法然は善導の「一心専念弥陀名号」の句によって、称名念仏を打ち出した。もはや私の心が、どんなに千々に乱れていてもかまわないのです。心がどれほど煩悩に惑わされていても名号を称えることはできます。たしかに乱れた心で仏を思うことはできないでしょう。自分の煩悩に翻弄《ほんろう》されている心は自分のことだけを思っているわけです。しかし、その乱れた心、濁った心の中でも、南無阿弥陀仏は出てくださる。これは不思議なことです。「妄念のうちより申し出た念仏は汚れにそまない蓮の花のようで、決定《けつじょう》往生疑いない」と源信和尚も教えています。これはひとえに仏の力によるからです。名号となった仏の力なのです。煩悩による私の心の汚濁をものともせず、仏が私のこの心の動乱の真っただ中へ平気で訪れてきたということです。だからこそ法然は、称名こそ間違いなく極楽へ往く道だと気づいて、ありがたさに涙を流したのです。自分にかけられた如来の慈悲の底しれない深さを知った。この時が実に日本浄土教の大きな転換点でありました。

罪悪深重の凡夫がそのままで救われる道を善導の言葉の中に発見したのが法然なら、親鸞はまさにこの人によって救われたと言えましょう。親鸞という人は本を読んで救われた人ではありません。法然という生身の肉体を持った人間の口から出た言葉によって救われた。法然は実際に善導に会ったわけではなく、その著『観経疏』の言葉を通して救われた。そういう法然という人は、とてもただ人とは思えません。凡夫というより、聖者のおもかげがどこかある人です。なにしろ文字を読んで豁然《かつぜん》と開悟したのですから。親鸞は、法然は阿弥陀如来の化身《けしん》だったと本気で思っていました。勢至《せいし》菩薩の智慧の光の中から現われてきて、浄土真宗の念仏を説いた人が師の法然上人だとも言っています。「親鸞におきてはただ念仏して、弥陀にたすけられまひらすべしと、よきひとのおほせをかふりて信ずるほかに、別の子細《しさい》なきなり」（『歎異抄』）と言っています。「よき人」とは、善人ということでなく尊い人、仏のことです。

仏教の場合、人間がその存在の根底から転換したのを仏と呼びます。私どもは「悪しき人」ですね。人間という点では同じだけれども、法然さまと私どもは逆になっているわけです。法然が別に人間でなくなったわけではなく、人間のあり方が「よき人」に変わった。私どもは自分のことにかまけてばかりいて、他人を救うことなど思いもおよびません。「悪しき人」です。しかし、法然という人は自分のことにかまけなかった。この親鸞を救ってくれた。そういう人を「よき人」と言うのです。仏教では「人《にん》」ということが非常に大事です。仏と人間とは存在論的に別々ではない。キリスト教では神と人間を分けますが、仏教では人というものが転換したもの、転ぜられた人を仏と呼ぶのです。

「人間」と「仏」の違いをみますと、人間はただの人というか、悟りの中におりながら迷っている。つまり仏に抱かれているにもかかわらず、それがわからない。ところが、仏は煩悩の中にあってそれに染まらずに悟っている。要するに煩悩と悟りの関係が逆転しているだけのことであって、実体的に、人間と仏と二つあるわけではありません。ブッダ（Buddha）という言葉がサンスクリット語で「目覚めた人」を意味するのは、このことです。私は仏になった、と成道《じょうどう》の時お釈迦さまは言われた。これは、私は目覚めたという意味です。何に目覚めたかというと人間であることに本当に目が覚めたということで、仏とは覚醒《かくせい》した人のことです。生死の世界に眠っていた人間が自分に目覚めたら仏です。

二種深信

親鸞は、この「よき人」の仰せに出遇って救われたのです。どこで救われたかといえば、地獄の底で救われた。絶体絶命、お先真っ暗の中で救われた。絶体絶命の地獄の底で法然の言葉に遇った。法然は地獄にまで降りてきて親鸞を救ってくれたのです。けっして上の方から「おいで、おいで」と呼んだのではありません。その地獄の底に響いてきた声は、本願の念仏によって救われていけ、という教えでした。親鸞はこのよき人の言葉を生涯けっして忘れることはありませんでした。

それが、「たとひ法然上人にすかされまひらせて、念仏して地獄におちたりとも、さらに後悔すべからずさふらう」という『歎異抄』にある有名な文言です。法然上人の仰せなら、たとえ間違って地獄に堕《お》ちたってかまわない。念仏して弥陀に助けてもらいなさいと教えてくれたその人の言葉が、仮に誤りで、そのために私が地獄に堕ちたとてすこしも後悔しないというのです。こういうことは、なかなか人間に言える言葉ではありません。法然上人と一緒なら、どこへでも往く、極楽でも地獄でもどこへでも私はついて往く。これが救われたということです。どこへでも往くということが救われたということだ。どうなっても後悔しないというのが救われたということです。

こうでなければとか、ああでなければと言っているうちは、救われてはいないのです。地獄などまっぴらごめんだ、どうしても極楽へ往かねばならない、と思っている人はまず救われない。蓮如上人も同じことを指摘しています。「極楽はたのしむと聞て参らんと願ひのぞむ人は仏にならず」（『蓮如上人御一代記聞書』）と言うのです。この世はつらい所だけれども、極楽へ往けばさぞ楽しみが満ちあふれているだろう。こんな料簡の人は残念ながら極楽へは往けまい、と蓮如は言っています。そういうものは信心ではなく横着心だからです。自分が救われない凡夫だということが本当にわかっていない。自分はまだ大丈夫だと思っているから、極楽へ往かねばどうにもならぬと思ったりするのでしょう。極楽などどうしても往きようがない私だからこそ、極楽へ往くことができるのです。救われない者が救われるというのが仏智の不思議です。

森ひなという加賀の小松という町の妙好人《みょうこうにん》が、「地獄一定とおもうてみれば、地獄、極楽、用事なし」と言いました。真宗の救われ方を述べたものです。地獄へ堕ちたらかなわない、極楽へ往かなければどうにもならないなどと思っている間は、まだ本当に自分というものを捨てていない。この妙好人は自分は地獄に往くしかないということが本当に心の底からわかったら、どっちへ往こうが、そんなことはかまわない、というのです。すべて如来さまにまかせてしまった。この問題ではもう金輪際悩まない。もともと極楽へなど往きようのない私だからです。一番下の堕ちるところまで堕ちたから、もう登ろうなんて思わないわけです。それが、すなわち救われたということです。一番底まで堕ちた時に救われる。「落ちるつるべ（鈎瓶）が上るつるべ」と昔からお説教で言われるとおりです。

機《き》の深信《じんしん》と法の深信、この二つは同時なのです。「機」とは堕ちること、つまり私の現実を見たら救われようがないという伝統宗学の言葉です。善導の『観経疏』の中に「罪悪生死の凡夫」という表現で登場します。救われようのない私だと深く思い、深く信ずる。逃げ道はない。私が救われていく道はどこにもない。地獄しか往きようがない——これを「機の深信」と言います。つまり、これで安心だという安全地帯など、私の人生のどこにもないと心の底から思い知ることです。この世の何も私の助けにはならない、私は独りぼっちで真っ暗闇の中、罪悪生死の軌道を往くしかない。これが機の深信です。

それに対して「法の深信」とは、私は間違いなく、絶対的にたのもしい如来の力に救われるという信です。仏の力の頼もしさを深く信じて疑うことが塵ほどもない、ということです。この二つのまったく正反対のことが、不思議にも一つに起こる。しかも同時に起こる。これを蓮如は『御文章《ごぶんしょう》』（『御文《おふみ》』ともいう。以下『御文章』）で「機法一体《きほういったい》の南無阿弥陀仏」という言い方をしています。一方の釣瓶が井戸の水面、つまり一番下まで落ちますと、下にあった釣瓶が上に上ってくる。落ちる釣瓶と、上る釣瓶は、機法一体という人間存在の真理のたとえです。私は堕ちるままで救われる。堕ちる私が堕ちなくなるのではなくて、そのままで救われるのです。「そのまま」といったら、文字どおりそのままです。堕ちることに何か手を加えて助かることではありません。

堕ちるままで救われる。機法一体です。助からないから助かるということです。冒頭に紹介しました、私に別れの挨拶に来た門信徒の人は、まさに仏法のこの真理を言ったのです。「私は死ななければならない。だから仏さまに救われるのです」とその人は言った。いつまでも私の心に残るなつかしくも鮮明なる言葉です。

さて、『末灯鈔』では親鸞が年齢を加えてきまして、思想がますます単純かつ明瞭化してまいります。七番目の書簡にこう言われています。

往生は何事も何事も凡夫のはからひならず、如来の御《おん》ちかひにまかせまいらせたればこそ、他力にてはさふらへ。様々《ようよう》にはからひあふてさふらふらん、おかしく候。

「往生の心とは、どういうことでしょうか」と、弟子があれこれと聖人に聞いてくるわけです。如来にまかせよと言われても、さまざまな心配がつきまとうから、どういう具合にまかせたらいいのですかと尋ねる。それに対して親鸞は、そんなことをあれこれ思わないことが、如来にまかせるということであると答えているのです。極楽に生まれるということは、もともと人間の力などのとうてい及ばない世界です。人間の力などではどうしようもない仏智の不思議による事柄について、なお自分のはからいでどうかなるように思っているのがおかしい。如来にまかす以外に何も要らないのだと言っています。

ビハーラ運動の原点

先日、西本願寺が取り組んでいるビハーラ運動（仏教ホスピス）の講習会で、関係者からこんな質問が出ました。「阿弥陀さまを信じたら往生は決まったと聞かされました。私はこれを信じていますが、それでも、やはりいろいろなことが思い浮かんで、不安がわいてきます」という質問です。如来を信じたからといって煩悩はわきます。たとえば死にたくないという気持は、これは煩悩ですから如来を信じていてもわくと思います。しかし、死にたくないとの気持がわいてきても、如来が私を摂取したという事実はけっして撤回されないのです。

如来がいったん摂取した人間を捨てるということはありません。自分の方で如来をつかもうなどと思うと、つかんだかと思ったらするりと逃げる。信心とは私が如来をつかむことではありません。如来が私をつかむことです。如来は私を捨てたり、つかんだりはしないものです。私の方は如来をつかんだり、離したりしていますが、如来の方はいったん私を摂取不捨の中に入れたら、どんなことがあっても捨てることはない。それは、ちょうどむずかる赤ん坊がお母さんに抱かれているようなものです。赤ん坊は、お母さんの胸を引っぱったり離したりします。しかしお母さんはどんなことがあっても、赤ん坊を離すことがないでしょう。暴れれば暴れるだけ、危ないからよけいしっかりと抱きしめるのが母親です。如来の摂取不捨とはそういうものなのです。

先ほどの手紙の文句にすぐ続いて、「如来の誓願を信ずる心《しん》のさだまるとまふすは、摂取不捨の利益《りやく》にあづかるゆへに不退《ふたい》のくらゐにさだまると御《おん》こころえさふらふべし」という言葉が記されています。浄土真宗の利益というのは、実にこのことです。真宗にはご利益がないとよく言われます。何々教には病気が治るご利益があるし、ポックリ死ねるご利益の宗教もある。その他、お金がもうかるとか、良縁に恵まれる、入試に合格するとか、社寺仏閣はさまざまのご利益をかかげています。「浄土真宗のご利益って何ですか」と訊《き》かれるなら、それはこの「摂取不捨の利益」こそその答です。私どもの人生はどんなことがあっても仏さまのたのもしい力の外へ出ることはない。仏にいつも抱かれている。喜びも悲しみも、生きることも死ぬことも仏さまの摂取の圏の中でしか起こらない——これほど大きなご利益がほかにあるでしょうか。

病気が治るという宗教なら、病気が治らなかったら、ご利益とはなり得ません。無病息災、商売繁盛をうたうご利益の場合、病気になったり、お金がもうからなかったり、死んでしまったりしたら、これはみんな捨てられたということです。そんな教えはウソだとすぐわかることです。けれども摂取不捨の利益という時は、お金持であろうがなかろうが、健康であろうが病気だろうが、生きている時だろうが死ぬ時だろうが、われわれは仏さまの救いの中を出ることはありません。これを絶対の利益と申します。あったりなかったりするのは、ご利益とは申しません。

さっき述べたビハーラのもうひとりの人は、私の話を聞いていて、自分のビハーラ運動の原点がぐらついてきたとの感想を述べられましたが、別にぐらつくことはないはずだと思います。浄土真宗の立場に立ってビハーラをするなら、まず忘れてならないのは、病人に対して私たちもあなたと同様に不安な存在なのだ、という立場に立つことだと思います。もともとビハーラとはサンスクリット語で身も心も安らかという意味ですが、あなたは重い病気で死にそうでさぞ不安でしょう。幸い私たちは健康で力があるから、あなたの不安を慰めてあげましょう――これでしたら、仏教のビハーラにはならないと思います。病気と健康とにかかわらず、人間はみな不安なのです。どんなに順境に恵まれていても、不安から解放されている人はひとりもいません。私は、そのビハーラの人に、こんなふうに申しました。「あなたは、もしかしたら、病院へ慰めに行っての帰り、車が衝突して死んでしまうかもしれませんよ。あなたに慰めてもらった病人の方が長生きして、慰めに行ったあなたが先に逝《い》ってしまうかもしれない」と。

これが人生というものの実相だと思います。人生どこにも安全地帯などありはしません。われわれは、どうかすると病院にいる人は不幸で、病院の外にいる人は幸福だと勝手に決めこんでいますが、もしそんな常識からビハーラ運動をやるなら、それは浄土真宗のビハーラにならないでしょう。すべての人間は不安なのです。私とあなたは、同じ人生の苦しみの中にある凡夫同士だというところに立たないと、病人を本当に慰めることはできないでしょう。私だけが苦しんでいて、達者で悩みのない人が来てくれた。そんな人の言葉に誰が慰められるでしょうか。本当に慰めることができるのは、同じ立場に立ってくれる人でなければなりません。私は今はあなたを慰める立場にいるけれども、本当はこの私だって人生の不安からすこしも免れていないのです。阿弥陀の力に頼る以外には、われわれはけっして安心ではない境遇なのです。そういう立場に立たなければ、本当のビハーラとはならないと思います。

そういう意味では、お釈迦さまは実にビハーラの名人でした。けっして病人だけを救った方ではありません。弟子の大迦葉《だいかしょう》がお釈迦さまに、「貧しい人々の村へは托鉢に行かない方がいいでしょうか」と尋ねました。するとお釈迦さまは、「お金持の所へだけ托鉢に行って、貧しい人の所は避けて通るというのは、仏の教えではない。それは同情心にすぎないのだ。托鉢というのは、すべての人を仏法に目覚めさせるための行だ。貧しい人の所にも、やはり同じように托鉢に訪れ、そして人々を仏法に目覚めさせよ」と答えています。お釈迦さまには人間を差別しておりません。病人と健康な人、お金持と貧乏人等々、そんな差別は、お釈迦さまにはありません。どんな条件の下であろうと、人間は根本的な生死の不安をもっている。その生死の不安から完全に解放しようというのが仏の慈悲の道です。

真実のご利益

そういうわけで、この摂取不捨は、無限大のご利益、大利《だいり》です。『無量寿経』に念仏の人は「大利を得」とあります。ご利益のない宗教など、本来なにものでもないわけです。宗教とはご利益の問題です。安心できる道の発見です。もうひとつ安心感はないけれど、とにかく真面目にやっていたら何とかなるだろうというのは宗教とは申せません。お寺で足が痛いのに、やせがまんして無理に話を聞いていることが宗教ではない。宗教ならみな、ご利益がなければなりません。真の宗教は、私の不安な心を本当の平安で満たしてくれるものでなければならないはずです。宗教的要求は人間本能の要求だとも言えますね。みな安心したい。ただ、その安心が本当の安心であるか、その場かぎりの仮の安心かの違いがあるのです。

仏教でいうところの「大利」の大とは真実という意味です。大きい、小さいの大ではありません。これに対し「小」とは仮を意味します。如来の本願を説いた釈尊は、「恵むに真実の利をもってせん」としたと親鸞は言っています。南無阿弥陀仏の名号をもらえば、本当のご利益になる。それは大きな大きな利益だというのです。人間が考えるような、ちっぽけな利益ではありません。私どもの煩悩を喜ばす利益など、たちまち災いに転じます。人間の小ざかしい損得勘定など、どっちへ転ぶかわからない。だから、人間というのは、本当に救われようがないのです。そういう動乱の人生を生きる私に本当の利益をあげよう、それは本願の名号である、とおっしゃる。

往生は凡夫のはからうことではない、ということを親鸞は第七書簡の中で、こう言っています。「如来の誓願は不可思議にましますゆへに、仏《ぶつ》と仏との御《おん》はからひなり。凡夫のはからひにあらず」。私の往生は、仏と仏とのはからいで決まる。私と仏さまとの相談の結果、起こるのではないことを言っている。はからいとはこの場合、相談ということでしょう。私と仏が相談して、仏との間に手を打とうとする。交換条件を作ろうとする。それが凡夫のはからいです。「仏さま、私は罪深いものですけど、念仏を称えていますから、どうぞ極楽往生をひとつよろしく」と凡夫が言う。そうすると、阿弥陀さまが、「よろしい、私にまかせておけ」――そんなことを阿弥陀さまが言われるわけがありません。つまり、凡夫が仏と相談することなどもともとできません。

凡夫と仏のはからいとは所詮、凡夫側のひとり芝居にすぎません。

仏と仏とのはからいに凡夫が関与することはできません。凡夫を入れないで仏さまと仏さまが相談して決めるといっても、これは仏がひとりで相談するのと同じことです。仏は無数にいらっしゃるが、実は一つなのです。「一仏の所化《しょけ》はすなはちこれ一切仏の化なり。一切仏の化はすなはちこれ一仏の所化なり」と善導大師が言うとおりです。仏心に変わりなどありません。私どもは、自分の心の中で折れ合うことがなかなかむずかしい。自分が二人いるからです。人間というのは、一人でも心は二つです。だから、いつも私は自分と相談しているわけです。しかし、なかなかこの相談はまとまりません。だから苦しんでいるのです。考えてみると、人生の心配というと、なにか子供と相談したり、親父と相談したり、友だちや夫婦で相談することと思うが、結局自分の心の中で相談しているにすぎないのではないでしょうか。ところが、この相手はなかなかもう一人の自分の言うことを聞かないのです。ああしようか、こうしようかと、毎日自分自身と相談する。いくら他人と相談していても、実は自分と相談しているのです。だから、この相談はまとまりにくい。自分の意見に反対する者が自分の中にもう一人いるのだから当然です。

むろん単純な問題だったら、比較的早く相談がまとまることはあります。しかし、受験はこの大学か、あの大学か、この会社を選ぶか、あの会社へ行くか、結婚の相手を誰にするかなどということになると、そう簡単にはいかない。このように、みな人生をめぐっては、自分が自分と相談をしているわけです。

ところが、往生浄土という問題は、むろん私と私の相談ではない。そうかといって、私と仏さまとの相談でもない。仏さまが仏さまと相談されて決まったのです。仏の心には絶対に対立などありません。どんなにたくさんの仏があっても一つです。だから、仏さま方の相談には時間がかからない。いっぺんに決まります。無条件で決まる。「そのまま救う」とおっしゃったら、そのまま救われるのです。間違いのないことなのです。ありがたいことではありませんか。それにしても「仏と仏との御はからひなり」とは実にあじわい深い表現だと思います。こんなことは、お歳を召していなければ、言える言葉ではありません。

さらに第七書簡では、続けて「如来の誓願には義なきを義とすとは、大師聖人のおおせに候き」と言われています。八十の齢《よわい》を過ぎてもまだ「法然上人が教えてくださった」と、言われるのです。普通、これくらいの歳になると、先生のことなど、どこかへ置き忘れて、「私はこう思う」となりがちです。みな先生に習ったのに、自分ひとりで偉くなったような顔をします。ところが親鸞は、この高齢を迎えても、「私が言っているのではなく、法然上人がそうおっしゃった」と書いているのです。これはやはり、法然上人のおっしゃったことは、仏さまの教えだと深く信じていたからでしょう。如来の本願には主語や主体がないことは前にも申しました。広大無辺なものには、誰が言ったとか誰のものかという限定などありません。限られた土地だから、自分のもの、他人のものとなるわけですが、広大無辺な土地にはそんな限定は要りません。結局、小さな者同士が争うのでありましょう。法然と親鸞との関係は世間的な意味での弟子としての謙虚さというようなものではなかったのです。真理というものがけっして私物ではないことを語っているわけです。

宗派のエゴイズム

仏教の言葉でも、自分の背丈に合わせて自分本位に考えますと、どこか鼻につく匂いが出てくるように思います。浄土真宗の教えでも、宗派のエゴイズムが混ざるとありがたくなくなる。「親鸞聖人の教えが一番正しい」。「他の宗教よりすぐれている」。こんなことばかり言い出したら、せっかくの尊い教えが有限なものになるのです。これはおよそ教団というものがもつ宿命的な傾向のようですが、私どもは、できるだけそうした宗派のエゴイズム、無意識に侵入してくるエゴイズムというものを捨てようとしなければなりません。エゴイズムが仏法の尊さと偉大さを汚してしまうのです。無我を我の色に染めてしまう。伝道や教化に熱心な人であればあるだけ、そうなりやすいのです。浄土真宗を本当に信じている人にかぎって、熱心さのあまりつい力みが出て、自分の宗派のすぐれた点を強調することに終りがちなようです。しかしこれは親鸞聖人の教えに反することではないでしょうか。

聖人のいう「浄土真宗」とは、宗派の看板ではありません。「謹んで浄土真宗を案ずるに、二種の回向あり。ひとつには往相《おうそう》、ふたつには還相《げんそう》なり」と『教行信証』の「教巻」の初めに記されています。この「浄土真宗」というのは、広大無辺な堂々たる存在の道のことです。誰のものでもない。何宗とか何派とかのドグマのことではありません。宇宙を包む普遍的な本願の真理のことを言ったのです。だから『高僧和讃』の中には、法然上人が浄土真宗を開いたという言葉が見られます。「本師源空あらはれて　浄土真宗をひらきつつ　選択本願のべたまふ」。法然上人が日本という国にお出ましになって浄土真宗を開き、大勢の人を救いなさったと言っています。法然は浄土宗の開祖ではないかとは、後の宗派（教団）の者や歴史家が言うことであって、親鸞聖人は法然上人の思想を浄土宗などと呼んではおりません。仏法を仏さま自身の許《もと》に還すことが肝要です。私の手許に置いて私の手あかで汚さない。それが親鸞聖人の根本の精神だと思います。蓮如上人も、あなたは何宗《なにしゅう》ですか、と尋ねられたら、当流の念仏者などと答えてはならない。「何宗ともなき念仏者」と答えよと『御文章』に書いています。これこそみずみずしい浄土真宗の精髄です。この精神を見失いますと、どんなに尊い教えであっても、そこにやはり何か悪い匂い、抹香くさい匂いがついてしまいます。

仏の教えに、もともとそんな抹香くさい匂いなどあるはずがないのですが、現実にはともすると人間の匂いがつくわけです。人間の「我」という匂いがつく。お説教の中にも、つい「我」、法という形をとった我執が入ってきます。ある所でお話をした時に、九十歳ぐらいのおばあさんが申しました。二十歳のころからずっとお説教を聞いてきた人ですが、この人が「お説教で、布教使さんが自分の考えを言った説教はあんまりありがたくない。そうでなく、仏説はいい。ありがたい」と言うのです。というのは仏説には「我」がないからです。仏さまの教えをそのまま説けば、すばらしい。仏説を離れると、どうしても「我」がつきまとう。このおばあさんのような人は、非常に敏感で、説教している人が自分の主張、つまり自分の意見で仏法の解釈を披露している場合があることを感じとっていたのです。「仏説はありがたい」と言われたのは、とても印象的でした。

われわれは「我」がないものによって救われるのでしょう。あるいは、「我」がないことが救われたことだとも申せましょう。『ヨハネ伝』に「我は道であり、真理であり、命である」という言葉があります。イエスの言葉です。「我を信ずる者は、死すとも生きん」とも言っています。しかしお釈迦さまは、我は真理だとはおっしゃらなかった。むしろ我ということがないことが真理だと言われた。真理というものを我の中に限定しますと、もはや真理ではなくなると思います。仏に救われるとは、「こうだから救われる」「ああだから救われる」という、「ああだ」「こうだ」というはからいがないという状態なのです。それを親鸞は「私が極楽へ生まれることは、如来が心配してくださったことだから如来にまかせておけばよい。私が心配することはすこしもいらない」と、これらの最晩年の書簡に述べているのです。そこには壮大なる「自然法爾」の法則のことが言われているのであります。

自然法爾

『教行信証』の場合には、まだいろいろと救いについての説明や論理がありました。しかし、この『末灯鈔』になると、もうまったくそうした論理は影をひそめます。そして阿弥陀の本願のエッセンスだけが実に平明で、単純無比な言葉になっているのです。

自然といふは、自《じ》はをのづからといふ、行者《ぎょうじゃ》のはからひにあらず、然《ねん》といふはしからしむといふことばなり。しからしむといふは、行者のはからひにあらず、如来のちかひにてあるがゆへに法爾《ほうに》といふ。法爾といふは、この如来の御《おん》ちかひなるがゆへに、しからしむるを法爾といふなり。法爾はこの御ちかひなりけるゆへに、おほよす行者のはからひのなきをもて、この法の徳のゆへにしからしむといふなり。すべてひとのはじめてはからはざるなり。このゆへに義《ぎ》なきを義とすとしるべしとなり。自然《じねん》といふは、もとよりしからしむるといふことばなり。弥陀仏の御ちかひの、もとより行者のはからひにあらずして、南無阿弥陀仏とたのませたまひてむかへんと、はからはせたまひたるによりて、行者のよからんとも、あしからんともおもはぬを、自然とはまふすぞとききてさふらふ。（第五書簡）

この文章の中で、特に大事なのは、行者の善からんとも、悪しからんとも思わない、という点だと思います。「行者」とは「私」という意味です。浄土に生まれることは善いことなのか、悪いことなのか、どのようにして生まれるのか。そんなことを一切思わないところに往生があるのだ、ただ生まれていくという自然のことだけがあるのだ、と言うのです。しかし、考えてみれば、私どもは、この世に生まれてくる時にも、そうした生まれ方をしたのではないでしょうか。私どもは生が「善い」とも「悪い」とも思わなかった。何も心配せずに生まれてきたはずです。その時、私に何か悪いことが起こったでしょうか。心配も何もしなかったけれど、私は勇ましい産声とともに無事に生まれてきました。浄土に往生するとは、そういう存在の安らかさをもう一度経験するだけのことではないでしょうか。「如来にまかせる」というのはそういうことだ、と『末灯鈔』の親鸞聖人は教えているように思われます。

人間の願いと仏の願い

浄土へ生まれたい

およそ人間というものは、永遠に生きたいという願いを心のどこか深い深い奥底に持っているのだろうと思います。しかし、これは、仏さまの側の「浄土に生まれさせよう」という願いに出《で》遇《あ》ってこそはじめて気づかされることで、自分だけでは、それはわかりません。私たちが自分で意識している願いは、永遠の生命《いのち》ではなく、この娑婆世界にもっと長生きしたいという願いです。この世の長命だけを願っているわけです。そうしますと仏さまというのは、われわれが別に望んでもいないことをお節介なさるお方だということになってしまうでしょう。

いったい極楽に生まれたいという願いは、本当にわれわれの願いなのでしょうか。それとも、われわれの願いなのではなく、仏さまだけが持っている願いなのでしょうか。私には、ここのところが、浄土真宗の話を聴聞し始めて以来、心の奥でのひそかな疑問として離れませんでした。

それが一番の根本問題のように思われたからです。この問題は、お寺で聴くお坊さんの話にはあまり出てきませんでした。書かれたものにもあまりない。浄土真宗の教義では、極楽に生まれさせようというのは仏さまの願いであって、凡夫の方にはそんな願いはない――ときちんと分けられているような印象を受けます。実際に、一般には、これがオーソドックスな考え方となっていると思います。しかしこれでは、どうも喜びがありません。あまりありがたくもないことを仏さまはなさる、という感じがつきまといます。もったいない言い方ですが、如来さまは大きなお世話をやかれるということになりかねません。いったい凡夫の願いと如来の願いとはどのような関係にあるのでしょうか。

キリスト教では、明らかに神さまと人間とは違います。人間は有限なもので、神に創られたまったく無力な罪人です。それに比べて、神は超越者、全智全能の存在であって、神の言葉が一方的に上から人間に降りてきます。たとえば「信ぜよ。さらば救われん」とか「たたけよ。さらば開かれん」。そういう具合に命令として下がってきます。神の言葉、イエスさまの言葉はどちらかというと一方的、天降り的と言えましょう。そうしますと、信仰といっても人間と絶対者とが本当につながり得ることがあるのでしょうか。

浄土真宗の場合でも、これまでの説き方では如来と凡夫を分けすぎたきらいがあるように思います。如来の本願他力ということを強調するあまり、その対極に凡夫を置いて、どうしようもない濁悪邪見《じょくあくじゃけん》の存在で仏心など微塵《みじん》も持たない泥凡夫という言い方をします。しかしそうした正反対のものがどうして結びつくのでしょうか。まったく別世界のもの同士なら結びつきようがありません。いや、如来が向こうから私の方に手を差しのべてくださるのだと言っても、それを受け入れる場所が私になかったら結びつきません。如来から道がきていると言われても、そのこと自体が私にわからなかったら、まったくつながりようはないでしょう。

「信」とは、如来と私につながりが生じるということです。仏を信じたということは、清浄の仏と泥凡夫との間につながりができたこと、仏力によって両者の間の境界がとれたということです。そうでないと信心とは言えません。私と仏さまの間に、なんの交流もない、そういうものは宗教ではありません。超越的な仏と罪悪深重の凡夫である私とが、しらじらと対立しているのでなしに、如来との垣根がなくなった親しい関係にこそ、浄土真宗というものの本領があるように思います。宗教的安心とは如来との垣根がとれた私の心のことを言います。

たとえば、夫婦でも垣根があると苦しいものです。親子関係でも同じです。近ごろは親子の意思の疎通が欠けることが社会問題になっています。これでは双方ともに苦しいのです。親なのに口もきいてもらえず、わが子が何を考えているのかもわからない親の苦しみ。子供の方でもそうでしょう。頭から親と話などしたくないと考えている子はいません。ところが、その親は口を開けば、身勝手なことばかりをうるさく押しつけてくる。そこで、子供は口をきかなくなる。要するに双方に垣根が存在するわけです。もし、親が子供の心と通い合うような会話をするなら、子はそれを拒絶するはずがありません。この垣根をとりたい思いは、親の側にもあるし、子供の側にもあります。つまるところ、このようなさまざまの垣根をとりたいということは、人間存在の根源的な願いのように思えます。ところがこれが、そう簡単にはとれない。そこに苦しみが生まれるわけです。それにしてもとにかく、仏と私の間の固い垣根がとれるということ、それが信心だと思います。

四十八願の内容

それでは、いったい凡夫の願いと如来の願いは、どういう仕方で結びつくのでしょうか。『歎異抄』の冒頭に如来の本願を信じるとは、どういうことかが記されています。

弥陀《みだ》の誓願不思議《せいがんふしぎ》にたすけられまひらせて往生をばとぐるなりと信じて念仏申さんとおもひたつこころのおこるとき、すなはち摂取不捨《せっしゅふしゃ》の利益《りやく》にあづけしめたまふなり。

これは、われわれが如来の誓願に救われることを信じ、念仏しようという心が起こった時に、もう如来との垣根が融けてなくなるということです。その時われわれはもう如来の摂取の中に入って、けっして捨てられることがない。親鸞は、それを「信心のさだまるとき往生またさだまるなり」と『末灯鈔《まっとうしょう》』に記しています。仏を信じたら、その時われわれは「正定聚《しょうじょうじゅ》のくらゐ」（必ず仏に成る身）になるのだと述べています。救いはこの世の命が終る時に来るのではありません。救いは、今、ここで起こる。仏さまを信じた平生《へいぜい》のことです。それさえあれば、たとえ死ぬ時念仏しなくとも間違いなく仏になるというのです。しかもこの垣根は、いったんとれると、もはや再びできることはありません。

それほどの大事件が信心の瞬間に私たちの上に起こるのです。仏智の不可思議というほかありません。親鸞が一生を通じて説いたのは、実にこの不思議のことでした。人間存在にとって一番大事なことは、「オギャー」と生まれた一瞬でもないし、息が止まる時でもない。本願を信じて念仏しようという心がわいた刹那《せつな》です。この瞬間、私の中にもう新しき生命が誕生した。生死《しょうじ》の命は終り、生まれることも消滅することもない永遠の生命が、信の一念によって始まりました。もはや、死んでも死なないのです。あとでくわしく申しますが、これが「現生に正定聚に住する」という親鸞聖人の根本思想です。親鸞は、阿弥陀仏のこの本願を信じることを浄土真宗の根本にすえたわけです。

『無量寿経』には阿弥陀仏の願が四十八掲げられていますが、これはべつに四十八でなくてもよいのです。『無量寿経』には、阿弥陀仏になる前の修行時代の法蔵菩薩《ほうぞう》が「無上殊勝の願《むじょうしゅしょう》」を建《こん》立《りゅう》し、「希《け》有《う》の大弘誓《だいぐぜい》」を超発《ちょうほっ》したとあります。つまりそれまでの仏たちが起こさなかったような願、諸仏の願よりももっと根源的な願を起こしたと書かれています。その願の数が四十八なのです。翻訳本によっては三十二の場合もあります。数は限定されていない。無限であり無量の願を言うのでしょう。仏の願は数えあげればきりがありません。有限の数ではとても言えない。四十八といっても仮の数だということに留意する必要があると思います。

ところでこの四十八願を読んでいきますと、おもしろいことに気づきます。私たち衆生が普通に持っているような願も出てくるのです。たとえば、「立派な家に生まれたい」というような願もちゃんとあります。第四十三願、聞名生貴《もんみようしようき》の願がそれです。

たといわれ仏《ぶつ》を得んに、他方国土のもろもろの菩薩衆、わが名字を聞きて、寿終《いのちおわ》りて後、尊貴の家に生まれん。もししからずんば、正覚を取らじ。

〈もし私が仏になった時に、法蔵菩薩（阿弥陀仏）の浄土以外の国土の諸菩薩がわが名字（「南無阿弥陀仏」）を聞き、そして命終ってこんど生まれる時に尊貴の家、立派な家に生まれなかったら、私はけっして仏にならない。〉

「こんど引っ越す時はせめて三DKのマンションだ」、「いや、私は庭付きの一戸建てですよ。子供の教育のためにもいいわ」——これは私たちが、ふだん口にし、現実に持っている願いですね。私たちは、そんな俗なことは仏さまはよもや関知なさらないだろう、と普通考えます。ところが、この第四十三願などをみるとそうではないようです。われわれは、こうした非常に現実的、俗世的な願いは仏さまとは関係ないと信じこんでいます。仏教はこんな次元の低い話ははじめから問題にしない、生臭い私たちの側の願いはできるだけ封じ込めて、ひたすら極楽往生のことだけを考えねばならないと頭から決めているかのようです。ところが、この第四十三願を見ますと、非常になまなましいのです。たんなるきれい事は仏教ではない、ということがよくわかります。

さらに四十八の願を追ってみましょう。まず最初の第一願には、「たといわれ仏を得んに、国に地獄・餓鬼《がき》・畜生あらば、正覚を取らじ」とあります。地獄とは、自らの罪業《ざいごう》の結果として衆生がおもむく苦しみの極みの世界、無限の苦しみの境涯を言います。餓鬼は欲望が満足しない世界、無限の欲求不満の心と言ったらよいでしょうか。三つ目の畜生は、無限に心が暗い状態、暗い世界を指します。この私が仏になった時、なお私の国にこれら地獄道・餓鬼道・畜生道の三悪《さんまく》道《どう》の世界が残るかぎり、自分はけっして仏にならないという仏の誓いです。衆生の誰もが、もはや地獄や餓鬼や畜生の苦しみの境地に陥ることがないという保証やメドがつかない間は、仏にならないというのです。世界を完全なものにしよう、誰ひとり苦しむ者がない世界にしようという法蔵菩薩の雄大な願いが、ここに述べられています。この「無《む》三悪趣《さんまくしゅ》の願」をまず冒頭に出してきたところに、私は法蔵菩薩の願いや志向が非常に端的に出ているように思います。

第三願の「たといわれ仏を得んに、国中《こくちゅう》の人《にん》・天《でん》、ことごとく真金色《しんこんじき》ならずんば、正覚を取らじ」も出色です。「金色」は古来インド人の発想の中では一番の最高価値と考えられてきました。これが日本の翻訳家だったら「金色」と表現しなかったかもしれません。何か別の色になったかもしれませんが、これも、どんな色でもかまわないのです。要するに、法蔵菩薩はエネルギーに充ちあふれた、生き生きした完全な生活の仕方を表わしたかったのです。自分の国土に人々の光り輝く生活が出現しなかったら仏になるまい、と誓ったのです。

それから第四願もこれと似たところがあります。「たといわれ仏を得んに、国中の人・天、形《ぎょう》色《しき》不同にして、好醜《こうしゅう》あらば、正覚を取らじ」。実際、障害とか顔の美醜などの差別があるためにこの世はいろいろの不幸や悩みが起きています。これはあらゆる意味の差別をなくしようという願いにほかなりません。とにかくこの種の願いは私たちには非常に身近に感じられるし、実感があります。「こうなればいいなあ」と、みんな平生に思っていることだからです。

ところが、第十八願となると、そう単純にはいかなくなります。すなわち、たといわれ仏を得んに、十方の衆生、至心《ししん》に信楽《しんぎょう》して、わが国に生まれんと欲《おも》いて、乃至十念せん。もし生まれずば、正覚を取らじ。

〈十方世界のあらゆる衆生が、私（阿弥陀仏）の本願を聞いて疑わず、わが国（浄土）に生まれたいと思って念仏し、もし叶えられないなら、私はけっして仏とはならない。〉

この第十八願は、早くから重視され、古来これが阿弥陀の根本の願であるという解釈が、中国では曇鸞《どんらん》大師から道綽《どうしゃく》禅師、善導《ぜんどう》大師と引きつがれ、日本にわたっては、源信和尚、法然上人から親鸞聖人へと伝統されてきました。親鸞はこの第十八願を「至心信楽の願」と呼んでいますが、とくに法然はこれを「念仏往生の願」「選択《せんじゃく》本願」と呼んで、最重視しました。法蔵菩薩はこの第十八願を一番根本に願った。それが人間の根本的な願いなのだ、と知ったからです。法然は善導の『観経疏《かんぎょうしょ》』の言葉に導かれて、人間が本当に願っていたのは、とりもなおさずこのことだったのだということに目が覚めたのです。

たしかに人間は「生まれ変わって大きな家に住みたい」とか「美しくなりたい」とかいう願いも持っています。むしろ、心の表面はこの種の願いで満ち満ちているとも言えましょう。そうした意識が私たちを占領しきっています。「お金持になりたい」「健康で長生きしたい」といったものだけがわれわれの願いで、「極楽に生まれたい」などは私たちの願いではないように考えて生きております。しかし、如来はわれわれが願わないようなことを願われるはずがありません。そうではなく、われわれが無意識に一番深い心の奥底で、ひそかに願っているものを素早く洞察し、これを聞きとってわれわれに示してくださったのが第十八願です。法然はこのことに気づき、第十八願ひとつをつねに本願と呼んだわけです。

法然に従った親鸞の立場も、もちろん根本では同じでありますが、親鸞の特徴は法然の見地を一歩進めて第十八願の構造の内部へと突っ込んで、これを一層深いところから再構築したことにあると私は思います。つまり第十八願の真理性を根源的に開示するために他の四つの願、すなわち第十一、第十二、第十三、第十七の各願を大切と考えたわけです。

第十七願は、「たといわれ仏を得んに、十方世界の無量の諸仏、ことごとく咨嗟《ししゃ》（ほめたたえる）して、わが名を称せずば、正覚を取らじ」と言います。親鸞は、いったい念仏によって救われるという真理の源泉はどこにあるのか、仏の名号を称えることがどうして往生浄土の間違いない道なのか、という極めて大事な問いの答が、「諸仏称名の願」と呼ばれるこの第十七願にあることを発見しました。なぜならこの願は、もし十方世界の諸仏が阿弥陀仏の名をほめたたえ、南無阿弥陀仏の名号を称えなかったら、自分は阿弥陀仏にならない、という願だからです。言い換えると、阿弥陀仏の名号は衆生が称える以前に十方世界の仏さま方によって称えられた名なのです。そのような尊い名号の功徳によって人間は救われるのです。つまり親鸞は、念仏往生を説く第十八願の真理性の証拠が、第十七願に出ていることを発見したのです。『教行信証』の「行巻《ぎょうかん》」の初めに、この第十七願が引かれています。ちなみに第十八願は「信巻」におけるテーマですが、とにかく第十七願の重視は法然の思想にはなかったことです。法然は第十八願だけにしか触れず、第十八願のみを真っ正面に押し出しました。親鸞は、南無阿弥陀仏の名号のいわば実在根拠というものに肉薄したわけです。第十七願の認識根拠としての第十八願を原点とした法然と親鸞の違いがここにあると申せましょう。認識根拠と実在根拠とは、たとえて言いますと、寒暖計の目盛りと温度との関係のようなものです。寒暖計の目盛りが上るのは実際に気温が上るからで、気温が寒暖計の上ったことの実在根拠です。しかしわれわれは、気温そのものを直接知るのではなく寒暖計の数字を通して知るのですから寒暖計が温度の認識根拠です。二つの根拠は互いに前提し合うのです。そういう相互に前提し合う関係が第十七願と第十八願との間にあるように思います。

それから「たといわれ仏を得んに、光明よく限量ありて、下《しも》、百千億那由他《なゆた》（インドの数量の単位で、非常に大きな数）の諸仏の国を照らさざるに至らば、正覚を取らじ」という第十二願があります。この意味は自分が阿弥陀仏になった時、自分から出る光がくまなく十方を照らすことがなかったら仏になるまい、ということです。自分が光そのものになって、あらゆる暗黒を照らそうというのです。世界のどこにも影がなくなる。これは物理的空間の内に光が照るというようなことではなく、光そのものが空間となることを意味します。親鸞は、この「光明無量の願」を阿弥陀仏の重要な願のひとつに挙げています。

この「光明無量の願」と並んで親鸞はさらに「寿命無量の願」に注目しています。すなわち、第十三願の「たといわれ仏を得んに、寿命よく限量ありて、下、百千億那由他劫に至らば、正覚を取らじ」がそれです。いくら阿弥陀仏になろうとも、無限の命を持たなかったら、私は仏にはならないという意味です。阿弥陀仏の寿命に限りがあって、ついこの間まで生きていろいろと活動していたが、とうとう惜しいことに死んでしまったということであれば、阿弥陀仏にならない、という誓願です。これはいわば世界から時間という障碍を取り除こうとするものです。

「光明無量」と「寿命無量」、つまり無限ということを空間と時間との両方にわたって実現しようという願に阿弥陀の本質を見たのも親鸞の特徴です。この点も法然の思想にはそんなにはっきりとは見られません。もちろんそれはみな、第十八願に収まることだといえば、そのとおりであります。しかし、第十八願をもうすこし具体化して理解するには、このようなことをはっきりさせておく必要があったのです。その意味でも、この第十二、第十三の二つの願は非常に重要だと思います。

最後に第十一番目の願に「たといわれ仏を得んに、国中の人・天、定聚に住し、かならず滅土《めつど》に至らずば、正覚を取らじ」とあります。親鸞はこれを「必至《ひっし》滅土《めつど》の願」あるいは「住正定聚の願」「証大涅槃《しょうだいねはん》の願」と呼んでいます。「滅土」とは、生死の苦を滅した仏の悟りの世界のことで、「涅槃」とも言います。その滅土に必ず至る。至るであろうという蓋然性《がいぜんせい》ではなくて必然性を言います。それは信心によって「正定聚に住する」からです。「正定聚」とは、つまり仏になる候補生とでも言いましょうか、仏になる約束ができた人々のことです。たとえば入学式はまだ済んでいないが、入学試験はパスした状態。四月が来さえすれば必ず大学生になる、それを「正定聚」というのです。仏になる約束は信の瞬間、生きている平生にできます。命終ればその時必ず仏となります。すでに申しましたように、親鸞はこの「必至滅土の願」を現生の利益、現実の人生の真の幸福として味わいました。

法蔵菩薩の願い

以上は第十八願を中心とする五つの願の概要ですが、ここで改めて「無量寿」という問題に立ち戻ってみたいと思います。

無量寿の願とは、仏が自分だけの無量寿をいうのではないのです。「すべての衆生が無量のいのちにならなかったら仏にならない」という意味であります。仏だけがいつまでも生きていたところで何にもならない。つまり一切の生きとし生けるものを自分と同じように死なないようにさせようというのが、実は阿弥陀仏（法蔵菩薩）の本願中の本願だったのです。親鸞はこの点を実にはっきりと言ったと思います。「正信偈《しょうしんげ》」の一番最初には、「帰命無量寿如来《きみょうむりょうじゅにょらい》」、「南無不可思議光《なもふかしぎこう》」の二つの文言が出てきます。そこに私は、人間の一番根本の願いを表白した親鸞の姿を見る思いがします。親鸞という人は、死にたくないという願いを本当に持っていたのだと思います。

「そんなことはない。別に親鸞でなくとも誰でも死にたくはないよ」と言われるかもしれません。しかしながら親鸞がいう「死にたくない」とは、どこどこまでも生きたい、永遠に生きたいという意味です。百歳まで生きられたら、もう結構だなどという中途半端な願いではありません。達者なら生きたいが、病気になれば死んだ方がましというような心とはたいへんな違いがあります。どこどこまでも生きたい、無条件に生きたい、というのが親鸞の願いです。光の中に住みたい、暗闇はいやだという強烈な根源的衝動にどこまでも忠実に自己と世界を考えて行った時、仏の本願に出遇い、そして、「まさしくこの願いこそ人間の本当の願いだったのだ」という信知《しんち》の地点に至りついたのだと思います。

立派な家に生まれたいなどという願いは、われわれの心の表面には確かに存在するのですが、心の深層に秘められたわれわれの本当の願いを最初に感じた人が法蔵菩薩です。法蔵菩薩は、はじめから仏ではなかった。仏道を歩いていた僧でもありません。『無量寿経』によると国王です。お釈迦さまの出自に似ています。彼は王として物欲、権力欲のあらゆるものをほしいままにしていた。ところが、世自在王仏《せじざいおうぶつ》の説法を聴いて、心に今まで知らなかった深い喜びを持ち、王位と国を捨てて修行者となった。この人間の現実世界の欲望の中で生きるのに愛想をつかしてしまう。何かわからぬが、自身の一番深い所から込み上げてくる衝動、その根本の願いは、今まで自分がやっていた生活では満足させられないことがわかったのです。そこで世自在王仏のところへ行って、自分の心の中の願いを述べ、その願いの成就を誓い、さらにその方法を世自在王仏との問答を通して発見していく。そして阿弥陀という仏になった。『無量寿経』は、そのことを物語ふうに説いていますが、もちろん昔の物語などではありません。人間存在の底に今も起こる永遠なる霊性の出来事を言うのであります。

私どもは、何らかの意味で、この世の隙間を見るような体験がないことには、なかなか仏法に耳を傾けようなどということにはなりません。だいたい、お寺へ参って金持になどなれっこありません。お金はたしかにわれわれの願いのひとつかもしれません。しかし、本当の願望、本願とは言えないでしょう。根本の願いは自分が意識しているような願いではありません。あれも欲しい、これも欲しいのが私たちです。しかし、それは状況が変わるたびに絶えずくるくると変わるのです。たとえば、家が欲しいと思い、どうにか実現した。家が手に入るとこんどはまた車が欲しくなるという具合に、また変わっていく。そういうものは本当に願っていたものではありません。本当に願っていたものなら、それが手に入れば、もうあとは何もいらないということになるはずでしょう。本願とは、いろいろな願の中心、一番源《みなもと》の願だから、たくさんあるわけがありません。あの願い、この願いではけっしてないのです。それはただひとつ、死にたくない、永遠に生きたいという願いだと思います。

平生私たちは、いろんな願いに邪魔されて、一番根本にある願いがストレートにわからないのだと思います。われわれの数多くの願いが、この根本の願いを見えなくしているといったらよいでしょう。考えて見ますと、健康に気をつけることも死にたくないからだし、貯金をするのも死にたくないからではないでしょうか。根本の願いに至るまでにプロセスや手続きが介在してくるから、ピンと来ないだけだと思います。「おまえさんは何のために働いている」と訊《き》かれて、いきなり「いや、死にたくないから」と答えれば、やはりすこし変です。「子供を養うため」とか「車を買いたいから」などという答が普通です。しかし、それでは「子供を養うのは何のためか」と問うてみると、「子供が成人して、一人前に生活していけるようにするためだ」と言うでしょう。それでは、「なぜ子供が生活できるようにするのか」。「そうなれば自分も幸せだからだ」。「それでは幸せとは何か」——まあこのように順繰りに追っていくと、最後には「死なないようになることだ」に帰着するようです。その間のプロセスを全部省略すれば、「何のために働くのか」は、やはり「死にたくない」からです。人間の本当の願いは、結局ここへ行き着くのです。最後になると「命だけは助けてくれ」ということになる。

法蔵菩薩は、この「死にたくない」というすべての衆生が持っている根本の願いをどこまでも成就しようとしたのです。これに比べると私どもは中途半端です。本当は死なない命が欲しいのに、結局仕方がないとあきらめて、その願いをどこかで捨ててしまうわけです。死にたくないという気持は萌《も》え出る春の草の芽のようなものです。誰の心の中にもあるのですが、われわれはこれを育てようとしません。この命の願いをどこまでも大切に育てていって見事な花を開かせた人が法蔵菩薩です。私どもは、自分自身の願いにあまりにも忠実でない気がします。

あきらめはごまかしに通じます。仕方がないというのは自分の願いに忠実でないことです。法蔵菩薩は自分の本願を自覚した。死にたくない、言い換えると、どこまでも生きたい。一切衆生を極楽に生まれさせたいという願を自覚しないから、われわれは迷える生死の凡夫なのです。法蔵菩薩は自分が持っている熱い願いをけっして粗末にしなかった。心の底にある願いをどこどこまでも大事に育てたのです。

私どもの心の底には、永遠に生きたいという願いがあるのですが、どうしたらそれを成就できるか、という方向の選択において凡夫は間違えるわけです。たとえば、唯物論者はこんなことを言います、「死ねばそれまでで何も無いのだ」。「天国や地獄などあるものか」とも言います。でもかれらにしても、本当は死は耐えがたいことなのです。「あるものか」ではなくて「あればいいけど、そんなことはないだろう」が本音だと思います。生命とは何かについての問いを途中で放棄しているのです。しかし「あるものか」などと、どうして研究もしないで決められるのでしょうか。「人間の命などせいぜい五十年から百年で消滅するもの。死ねば、みな墓へ行き、骨になってそれでおしまい」。これは私には、解決ではなく、いのちへの問いそのものが本当に立てられていないということだと思います。

法然や親鸞は、生命とは何か、死とは何かという大問題を一生かけて追求した人たちです。思いつきや暇仕事ではありません。生死《しょうじ》の正体を生涯を通して追い求めたのです。われわれはそういう人たちの話を真剣に聞かなければいけません。私たちはたとえば腹痛なのに耳鼻科の病院へ行ったりはしません。「死んだら本当にすべてがなくなるのか」、「極楽はあるか」――こうした問題は専門家に訊くべきです。親鸞も法然も真正の生命の問題の専門家中の専門家です。かれらは、比叡山ではこの問題が解決されていない、生死の大事を解決している者がいないことを知り、絶望して山を降りたのです。これをみても、かれらが生命の問題についての本当の専門家だったことは明らかです。

仏法を聞くまでは、私たちは永遠の生命のことを勝手にあきらめているのではないでしょうか。生きたいのだが、死ななければならないから仕方がないというところでごまかして死んでしまう。そうではありません。法蔵菩薩は無量寿仏になった。ここに生命の永遠の証明があります。法蔵菩薩が阿弥陀仏になった道があるのだから、私たちもその道に従うことが可能です。法蔵菩薩は私たちに、きっとこう言うでしょう。「おまえは死にたくないと思っている。短い人生を悲しみ、歎きながらみな死んでしまう。それでもおまえは死にたくないと思う。そのとおりなのだ。永遠の生命を得たいというおまえの願いは誤りではない。それは必ず実現できる。その証明は私だ。なぜなら、おまえの心中にある死にたくないと願う心は、私がかつて抱いた願いだからだ」。このように法蔵菩薩は教えてくれています。

万人が持っている、生きたいが死なねばならぬという悩みを、法蔵菩薩もかつて持ったのです。すなわち法蔵菩薩の願いは各人の心の底にある願いであるわけです。法蔵菩薩の存在を夢物語のように解すべきではありません。『無量寿経』を神話のように考えてはいけません。「昔々、法蔵菩薩という方がいて、種々の修行を積まれ、仏となられたそうな」。これでは土台から間違ってしまいます。法蔵菩薩の願いは時間を貫いて今もわれわれのこの心に生きています。私の悩みは、ほかならぬ法蔵菩薩の悩みです。そして「心配するな」と私たちに語りかけ、「私は仏になった。おまえは死にたくないし、永遠の生命を願っている。それは可能だ」と断言される。阿弥陀仏は、われわれとかけ離れた遠い所にいらっしゃるのではないのです。今ここの私の悩みの中にお住みになっているのです。

これまでの真宗は、どうも如来と凡夫を形式的に分けすぎたようです。「如来に悩みなどない。ただ、私たち悩む凡夫を哀れとおぼしめし、彼岸からお救いくださる」というのでは、救われる実証というものがありません。衆生の悩みが自分自身の悩みであるのが如来です。「私はおまえだ」という如来の言葉を聞いてはじめてわれわれの救いの実証が出てくるのです。「私もかつてはその悩みを持った。おまえと同じ悩みを持った。そしてその悩みを私はついに超えたのだ。超える道があるのだ。私の言うことを信じなさい」。この言葉に、私たちは力強い無量寿の保証を見出すことができるのです。

「私が神を見る目は、神が私を見る目だ」――これは中世ドイツの神秘主義者マイスター・エックハルトの有名な言葉です。キリスト教の普通の教義では、天上の神さまが、イエス・キリストというひとり子を、地上におつかわしになった。罪深き人間がこのキリストの愛を信じることによって救われると説いています。つまり神と原罪の人間との間にある断絶を信仰でつなぐ、これが普通のキリスト教の立場ですが、そうなると、どこまでも神と人間との隔たりが残ります。エックハルトにはじまる一連のドイツ神秘主義者たちは、そういう信仰の立場に満足できなかったのです。かれらは神をもっと身近に感じようとしたわけです。

近世になってからは、たとえばヤコブ・ベーメがそうです。ベーメもやはり、原罪を持つ人間が天上にましますす超越的な神にいかにして救われるのか不安だったのです。原罪を持ち、地上にへばりついている人間を愛の神が救いたまう。そう聖書には書いてはあるが、それでどうして原罪が救われるのか納得がいかなかった。神を遠い天上に仰ぎ見るような信仰で満足できなかったのです。ベーメは嵐のごとく神に迫って神と合一しようとしました。神との直接的合一という神秘主義の道へ出たのです。世界を創造した人格としての神よりももっと根源的な神性と自分が一つになるというこの思想を、エックハルトは、神の子が私の魂の中に生まれる経験として述べています。自分の魂の最も深い所に神の子が〝オギャー〟と生まれることがかれらの宗教の本質です。

私も宗教の本質は実にここにあると思います。自分がどこか高い所を見上げているのが宗教ではありません。私の魂の中に神の子が誕生する。つまり自分の中に大きな生命、死なない生命が生まれてくる経験、神と私との間に同じ一つの命が通い合うという経験が宗教の根本です。本当の宗教を求めようとするなら、どうしてもそうなるでしょう。如来の本願と私たちの本願とは違うなどと言っている間は、どこまでも私と仏はつながらない。私たちは罪悪深重の凡夫、仏さまは罪悪も苦しみもない清浄な方、という分別にこだわることは真宗の本質でないことを強調したいと思います。

『往生要集』の影響

いったい、罪悪深重の凡夫などということは、どうしてわかるのでしょうか。仏さまを遠くに置いておいて、自分をどんなに反省してみても凡夫だなどとわかるはずがない。如来に照らされないと、自分が凡夫だなどとわかりません。照らされるということは、すでに如来とつながっていることなのです。初めに凡夫だけがあるわけではない。仏を離れた凡夫もなければ、凡夫を離れた仏もない。この仏凡《ぶつぼん》一体が原点であり、他力の信とはこの原点が明らかに知らされたということです。ここのところをもうすこしはっきりさせないと、浄土真宗の信心でなくなるような気がします。「死んだら極楽に往ける」と極楽を期待しているような真宗であれば、これは親鸞聖人以前に逆戻りすることになります。私は、日本の多くの浄土教信者はまだ親鸞のところまでは達しておらず、『往生要集』を書いた源信の立場、つまり「臨終往生」の立場に依然とどまっているような気がしてなりません。しかしこれは言い換えますと、『往生要集』の影響が計り知れないほど大きかったということかもしれません。

『往生要集』の立場の特質は、なんといっても臨終の行儀《ぎょうぎ》を書いた部分です。源信は「中巻」に瀕死の病人をどういう具合に扱えばよいかを、極めて具体的に細かく規定しています。死に近い病人が出たら、まず別室を作り、そこへ病人を移す。平生の住居だと、病人がさまざまな生活道具を見て、この世に愛着するからです。そうして阿弥陀如来の像をその室に安置します。そのやり方は二つある。ひとつは阿弥陀仏を西方に向け、その後に病人を横たえる。そうすると阿弥陀仏が死んでいく方向に導いてくれることになるから病人が安心する。もうひとつは阿弥陀仏を東方に向け、病人をその前に置く。阿弥陀仏の左手から五色の布を引っぱり病人の左手に持たせる。こうして仏に従って極楽へ往く思いを病人に起こさせる。看病人は香をたき、華を散らして病人を荘厳《しょうごん》する。病人から出る種々の汚物をきれいに掃除し、念仏の中で臨終を迎えさせる。このような臨終行儀が述べられています。

そして「臨終正念《しょうねん》」、つまり死に臨んで心乱れず、往生を信じて疑わないことを病人にすすめることを、最後に説いています。とりわけ注目すべきは、「おまえがこれまで、念仏の行をしてきたのは、この今のためだった。今こそその一番大事な時なのだ、と死の瞬間の人に説き聞かせよ」と書いている点です。いわば往生の本番ということでしょうか。今まではリハーサルであった。今までけいこしてきたのはこの瞬間のためである。臨終の一念は百年の業にまさる。この時、正念に住して南無阿弥陀仏を称えれば、間違いなく極楽に生まれる、と源信は説くのです。

これを実行したのが藤原道長です。道長の臨終のことを書いた『栄華物語』には『往生要集』の一部分がそっくり引用されています。病気になったこの最高権力者は、最初は真言密教の僧を呼び集め、一心不乱に病気治癒の祈禱《きとう》をさせました。当時は陰陽道《おんようどう》のおはらいや加持《かじ》祈禱が全盛の時代でした。京都中の密教僧が集められたが、一向に病は治りません。『栄華物語』では毎日下痢が続き背中におできができたと、はなはだリアルです。

結局、死期を悟った道長は真言の僧たちをすべてしりぞけ、屏風の西側をあけて、九体の阿弥陀仏を安置し、頭を北に顔を西に向けて臥し、仏から引いた五色の糸を手にとって、ひたすら仏を観想し念仏を称えたという。この糸さえ握っておれば極楽往きは間違いないと考えたようです。これを見ますと、ある意味で、道長は宗教心を持っていた人と言えましょう。やはり極楽に生まれたいという願いがあったのだと思われます。もっと若い時にも病気になった道長は、源信の許へ使いをやったり、藤原行成に『往生要集』を筆写させたりしています。晩年の日記には一日十万遍以上も念仏したことを書いています。

ところでこのエピソードは、人間の本当の願いというものが何かをいみじくも示唆しています。関白になったり、天皇と姻戚になることではなく、永遠に生きたいというのが最後の願いであることを示しています。しかし、道長の極楽は本当の極楽ではなかったかもしれません。親鸞の言葉でいうと極楽の真中、真仏土《しんぶつど》に生まれたのではないでしょう。念仏はしても仏を本当に信じていたかどうかは怪しいからです。なぜなら五色の糸をぜったいに離すまいとした。この糸を離したら仏に見捨てられるのではないかと考えたのですから、如来の絶大なる力を信じきれなかったのでしょう。赤子のようには如来にまかせきれなかった。親鸞は『末灯鈔』の中でそういう心境を「他力の中の自力の善」だと言っています。道長の生まれた極楽は、極楽の端の方、辺地《へんじ》、化《け》土《ど》だったかもしれません。

このような『往生要集』の思想をもっと純化して、仏を観ずるのではなく、仏名を称することの一点に集中する思想が法然によって打ち出されてきます。法然は『観無量寿経』の解釈を書いた善導の『観経疏』の次の文に出遇って、そういう立場へ脱出しました。

一心に弥陀の名号を専念して、行住坐臥、時節の久近《くごん》を問わず、念々に捨てざるもの、これを正定《しょうじょう》の業《ごう》と名づく、彼の仏願に順ずるがゆえに。

この言葉が光線のように四十三歳の法然を貫いたのです。この出遇いによって法然は回心《えしん》し、称名念仏以外のすべての行を捨てます。もはや五色の糸を引く必要はなくなりました。阿弥陀仏の本願とは称名念仏の衆生を往生させようという本願にほかならないことに目覚めたからです。法然は、かつてこの『観経疏』に何度も目を通したに違いありません。なにしろ木曾義仲が都へ乱入した日以外は書物を手離さなかったというエピソードを持つくらいのたいへんな読書家です。しかし、それ以前は『観経疏』の思想を知識や観念として受け入れただけで、彼の存在を貫く言葉として感得できなかった。人生五十年の時代です。自分はあとどれくらい生きられるか、それなのに安心はまだない。少ない余命を思い、苛立《いらだ》つ法然の姿が目に浮かびます。日暮れて道なお遠い、そんな時、ふと手にしたこの書によって法然はいっぺんに救われたのです。

その善導の『観経疏』を源信は『往生要集』で、なんとわずか一カ所しか引用していません。源信は、やはり称名念仏よりも、まだ天台の観法《かんぽう》の立場にいた人のように思われます。特に『往生要集』の立場はそうです。しかし他の著作、たとえば『横《よ》川法語《かわほうご》』などを見ると、「妄念はもとより凡夫の地体《じたい》なり。妄念の外に別の心もなきなり」という言葉があります。これは限りなく法然や親鸞に近い思想です。

この齟齬《そご》に関しては解釈もいろいろと分かれるようですが、源信は根本において自力聖道門の系譜にいた念仏者だったと思わざるを得ません。なぜなら、人間の根本の宿題は死の瞬間にまで延期されているという「臨終往生」の立場を大事に留保しているからです。この臨終往生の思想が一般には、大きな影響を与えたようです。浄土真宗の教えを真剣に聞き、正しく信じている人は臨終の問題をすでに解決していると思います。しかし、一般的には臨終がやはり大事になっていると思います。私の近所に老母と娘がいましたが、このあいだ娘さんの方が五十歳で亡くなりました。長患いではなかったし、もともと童顔だったので、観音さまのようにきれいで穏やかな死顔でした。その時に母親であるお婆さんが、すがるように私にこう言いました。「この美しい死顔を見てやってください。この娘は極楽に往《こ》ったに違いないですね」。私はとっさの答に窮しました。お婆さんにすればきっと「そうです」と言って欲しかったのでしょう。私にもその気持はよくわかるし、私が「そのとおりです」と言って極楽往きが決まるのなら何度でも言います。しかし如来の本願が信じられていなかったら、どんな美しい死顔でも往生の証拠とはならないのです。

ソクラテスは毒杯を仰いで従容《しょうよう》として死に就《つ》いたと伝えられています。彼は肉体が滅びることによって自分自身も滅びるなどという妄想を一度として抱かなかった。自己の魂の永遠は彼にとって自明のことだったのです。これは、ソクラテスが真理の探究の生を生きていた人だからだと思います。死刑が迫ったソクラテスに、クリトンが「あなたをどういう具合に葬ったらよいか」と尋ねます。するとソクラテスは微笑しながら、次のように答えています。「クリトンにはまだ真の私というものが何であるかが理解されていないようだ。まもなく諸君らの前に横たわるであろう屍体が私だと思っているから、それをどう葬るかということを尋ねるのだ。しかし私自身は、そのような屍体ではない。その時、私自身は屍体から離脱して、とっくにここから立ち去っているだろう。私とは何かというと、日ごろ真理について君たちと対話してきた、そして現にいま対話している、このソクラテスである」。

これは実に感動的な言葉だと思います。『パイドン』という対話篇の中にあるこの言葉は、多くの人々に大きな慰めとなりました。棺おけに入っている遺体など私ではないのです。ソクラテスは、実に「自己とは何か」をはっきり知っていた人でした。この点では親鸞の浄土真宗もまったく同じです。本当の私というのは、如来の本願を深く信じて念仏している平生のこの私のことです。如来の本願海に浮かんでいる罪悪深重のこの私、これが自己というものの正体なのです。この自己を見出しさえすれば、もうすべては解決したわけです。臨終に如来から五色の糸を引いて、念仏とともに息絶える必要はなくなります。すなわち、念仏申さんと思い立つ心の起こる時が大事なのです。念仏という永遠の今の中に、この苦難の人生が包まれるわけです。

臨終を問わない親鸞の教え

だから念仏する時とは、時間の中にあって時間を超えた時間です。念仏とは、何時何分に行なわれる行為というようなものではない。ご飯を食べたり、歩いたりする行為は時間、空間の中にありますが、仏の名を称える行為は、時間の中にありながら時間を突破しています。キェルケゴールの言う「瞬間」がそれです。彼はデンマークのキリスト教の思想家ですが、瞬間というものの性質を徹底的に究明しました。信仰の瞬間とは永遠性のアトム、それ以上分割できない最小単位だと定義しています。普通、日常用語や物理学で「瞬間」といえば、極微の短い時間を指します。秒針のカチッという瞬間、これはキェルケゴールによれば時間性のアトムと言います。けれどもキェルケゴールに言わせると、キリスト教の信仰というものは、永遠が時間に入ってくることなのです。時間の中における永遠性の反照であり、時間を貫いて永遠が入ってくる。それが神を信じる瞬間なのです。

如来を信じるとは如来の心が私の心に入ってくることですから、時間を超えた永遠なるものが時間の中の私を貫くことです。「弥陀の誓願不思議にたすけられまひらせて往生をばとぐるなりと信じて念仏申さんとおもひたつこころのおこるとき、すなはち摂取不捨の利益にあづけしめたまふ」――この「とき」はまさしくキェルケゴールが言う「瞬間」に当たります。それは時間性のアトムではなく永遠性のアトムです。仏を信ずることは、時間と永遠とが交差したところで起こるのです。私たちが、日ごろ使っている「おはようございます」「もうかりまっか」などという会話は時間の中にあるものです。そういう心は、はかない自己の煩悩の心ですから、時間と共に流れ去る虚しい出来事でしょう。永遠が入っていない空虚な時間性のアトムにすぎません。

ところが、そういう私たちに念仏申そうと思いたつ心が起こったというのは、永遠が入ってきたということです。仏の影が差したのです。その時、時間は切れてしまいます。これによって永劫の過去からの罪業の流れが、そこで切断される。厚い雲に覆われていた空に、一条の光がスーッと差したようなものです。一瞬でも光が差したら、無限の生死のぐるぐる回りが切れたということです。もはや、極楽往きは間違いありません。親鸞はこの「信の一念」の瞬間を発見した人です。それは、必ず仏に成る身に定まった瞬間だから、「正定聚に入る」とか、「往生を得る」とかいう言い方で表わされています。また「不退転に住す」という表現も用いています。「正定聚」と「不退転」と「即得《そくとく》往生」――これらはみな同じ意味ですが、それはけっして臨終の未来のことではない。臨終を待たない信の現在のことを言うわけです。
『末灯鈔』の中で親鸞は、臨終にこだわるのは、まだ如来の力を信じていないからだという主旨のことを述べています。絶大なる如来のたのもしい力を信じないで、自分の力にまだ頼っているから、臨終の際、どのように死ぬかを心配したり、如来と自分との間を糸でつないでおかねばならないことになる。真実信心の行者は来迎を待ちません。親鸞にとって人生の決定的瞬間とは、臨終の時ではなく、念仏申さんと思いたつ心の起こったその時だったのです。

それにもかかわらず、まだまだ日本人の全般的なメンタリティには「臨終」という観念が根強く残っているように思います。つまり、源信の思想の方が一般人の心情の中に強くあって、親鸞の説く絶対他力に生きている人は少ないと言わざるを得ません。しかしながら、死ぬ時の正念で往生が決まるという源信の教えは、考え方によってはたいへんな不安をともないます。その証拠に『往生要集』に記された臨終往生の思想の影響で一時自殺者が増えたようです。焼身、入水《じゅすい》者が相次ぐ風潮があったというのです。昔、四天王寺の門は極楽の東門だと言われていました。西念という僧が難波の海へ舟を漕ぎ出して入水を図ったという記録、『平安遺文』があります。結局、彼は海では死ねず、康治元年改めて自分の家に穴を掘ってその中にこもって往生したということです。これは世をはかなんだのではなく、極楽に生まれたいと願ったがためです。しかし臨終というものにこだわった執着心の結果のように思われます。法然が比叡山に登ろうとしていたころのことです。

このように考えてきますと、死に臨んで心乱れず、一心に念仏して往生を信じて疑わないということは実はたいへんな難事です。臨終という一点に人生のすべてを凝集していくわけですから、その瞬間を逸《そ》らしたら全部が台なしです。何よりまず正気《コンシャス》でなければなりません。脳梗塞で判断力や理解力を失ったら、極楽に生まれることはできません。高血圧や交通事故で脳を損傷しないようにも絶えず気を配らねばならない。どうやって臨終を迎えるかが往生の鍵になるのであれば、これはたいへんな不安、心配と言えましょう。「死に際の念仏」と、誰もが簡単に考えがちでありますが、これほど難しいことはないのです。だからこそ、意識がはっきりしているうちに自ら命を絶とうとする風潮が流行したのでしょう。

如来の願いが私の願い

浄土真宗とは要するに、大いなる生命の自覚のことだと思います。自覚というと自力聖道門的に聞こえますが、それなら親鸞聖人の「信知《しんち》」という言葉でもよいのです。法蔵菩薩は、無限の生命への願いを成就しようとして五劫《ごこう》のあいだ修行して仏になった。無量寿如来とは無量寿を得た人のことです。生命そのものを自覚したら無量寿如来です。法蔵菩薩は生命の自覚にいたる無限の道程をどこまでも行こうという志を持たれたのです。できないことをしようとするのが菩薩です。できることだけをやるのなら、菩薩とは言えないでしょう。永遠に生きたい、仏になりたいという願いをぜったいにお離しにならなかったから菩薩なのです。私たちは、仏法をよく聞かないで、この願いを途中で捨ててしまう。自分の中にあるところの生命の願いに真に忠実でないのです。大事なもの、すばらしい宝物をいただいているのに、それを開花させることができずに殺してしまうわけです。

私は思いますが、願いがもし真実のものであれば、もうその願いは成就したのと同じです。法蔵菩薩は「もし、十方の衆生が極楽に生まれたいと思い、念仏して極楽に生まれそこなうようなことがあったら、自分は仏にならぬ」と第十八願に誓われ、そして五劫という無限に長い思惟の果てに、ついに仏となられた。これは修行の力のことを言っているのではなくて、法蔵菩薩の願いが真実のものであったことを物語っているわけです。願いの真実というものが、それを成就させる道をおのずから生み出すと言ってよいでしょう。なるほど、これが家を建てたいというような願いなら、家が建たないことには成就とは言えないでしょう。総理大臣になりたい願いは総理になったと同じことではありません。そういうものはかりそめの願い、どちらでもよい願いだからです。私たちの煩悩の願いは迷いであって真実でないから、願いはすぐ成就に結びつかないのです。しかし、「十方の衆生を無量の生命の中にあらしめたい、ひとりも洩らすまい」という願いは、およそ願いの中で最も根源的な願いであります。これ以上の願いはあり得ません。そういう願いを持ったということは、もうその成就の道が通じたということなのです。

くり返しますが、私には俗世の願いしかないが、如来は十方衆生を永遠の生命に生きさせようという途方もない、崇高な願いを持っていらっしゃる——これでは、どこまで行っても「私は私」、「如来は如来」で別々です。極楽は「西方十万億土」の遠いところに行ってしまいます。それでは如来は、はるかかなたの存在で私とは無関係です。私の中は真っ暗闇でしょう。しかるに『無量寿経』は、まさしくこの対立を否定し、突破した真理の書でした。思えば如来の本願は、私の心の奥底の最後の願いだったのです。それは生きとし生けるものの願いを聞きとった願いだから、私自身の心の底にもある願いです。その願いがもとはといえば私の唯一の願いだったのに、それがどうしても私にはわからなかった。このことが知らされた経験を信心と言います。如来の本願は私の願いではないというのは、如来を疑っている証拠です。如来を信じたら、如来の本願はそのまま私のものとなるのです。

親鸞聖人がいつも口ぐせのように言ったという言葉を、唯円は『歎異抄』に書きとめています。「弥陀の五劫思惟の願をよくよく案ずれば、ひとへに親鸞一人がためなりけり。されば、そくばくの業《ごう》をもちける身にてありけるを、たすけんとおぼしめしたちける本願のかたじけなさよ」という有名な言葉です。これは如来に心配されていたのは自分だけだったというような意味ではありません。それなら一種のエゴイズムです。そうではなく、尊い如来の本願を、罪悪深重の自分の心の奥のそのまた奥に発見した大きな喜びを表白している言葉だと思います。

親鸞のコスモロジー

「コスモロジー」とは

「コスモロジー」という語は一般に宇宙論と直訳されています。だから、「親鸞のコスモロジー」などというと、すこし奇異な感じをおぼえられるかもしれません。しかしここで申しますのは、もちろんニュートンとかアインシュタインなどの物理学者のいう宇宙論のことではありません。宗教的信仰の立場でのコスモロジーです。

企業名とか、宣伝文句などに「コスモス」とか「コスモ」の名をよく見かけますが、これはギリシャ語の「コスモス」に由来しており、「宇宙」の意味です。要するに調和と秩序のある完結した世界のことを言ったものです。意味があり、調和と秩序をもつ世界がコスモスと呼ばれたわけです。昔のギリシャ人にとっては、自分たちが住むこの世界は意味があり、調和があるものと考えられ、何のためにあるのかという目的がはっきりしたものでした。古代ギリシャ人は、形のないもの、カオス（混沌《こんとん》）というものを嫌い、「無際限」なものには恐れを抱いていたようです。ギリシャ人の感覚には「無限」はなかったとも言えましょう。かれらには、完結した世界とは、形があってはっきりと輪郭をもつ有限なものだったのです。そこでギリシャ人は、一番美しく完全なものを「円」ないしは「球」の形で考えました。完結している世界の姿です。そういうものをわれわれの世界の理想と考えました。われわれは、そういう意味があり、目的がある世界の中に住んでいる、言い換えると神々と一緒に住んでいるというのが、古代ギリシャ人の基本的なコスモロジーです。

漢字の「宇宙」も、明治時代になってから「コスモス」に当てた訳語ですが、これはもともと中国の言葉で「宇」は時間、「宙」は空間を示し、時間・空間的な世界を統合した全体を「宇宙」と呼んだようです。やはり、この概念も完結した意味や目的のある世界を言い表わしています。宇宙の中の一切は、死んだ物でなく、すべて生命《いのち》や魂を有しているのです。そして、そういう一切の物は、お互いに「連関」がなければなりません。

哲学が登場する前の神話時代のギリシャ人たちは、天体の運動と人間の営みとの間に連関を見ています。たとえば秋になって宵の明星が地平に上ってきたら、それはもう収穫をしろという合図を星が送っているのだと解しました。この私の生活や運命と、西の空に出てくる星とは関係があると考えたのです。人間生活とはまったく無関係な天体の現象は存在しないのです。そのように宇宙のものすべては、自分たちにサインを送ってくれる。万物は自分たちと血縁関係にある運命共同体の成員だと見たわけです。

これはギリシャ人にかぎらず、あらゆる民族が持っている神話に共通して見られる考え方です。この世界に生きているものは、人間も、動物も、植物も、それにいわゆる無機物も日月星辰や海、山もみな兄弟であり、命の交流があり、対話をしているのだ、と多くの神話は語っています。森羅万象がお互いに言葉を交わし、対話する血縁の世界の間柄、そうしたひとつの壮大な宇宙ドラマにみんなが参加している間柄――これが、一般に神話人のコスモロジーでありましょう。日本の『古事記』でも、世界は生きており、けっして死んだ冷たいものとして描かれてはおりません。そうした神話的な宇宙観は昔からどの民族にもあるのです。後にギリシャの哲学者たちは、そうした世界を「コスモス」と呼んで、さらにそれはひとつの理法（ロゴス）によって支配されているというふうに考えたわけです。

キリスト教の世界観

ところがキリスト教の時代に入ると、このような宇宙観はすこし変容してきます。すなわち世界を創造した唯一の超越神の概念が導入されました。キリスト教は、ある意味で神話的世界を破壊した思想だと言われるのですが、それは神話的世界の内にいたるところにあった多数の神々を認めない世界観だからです。

たとえば、日本の神話でも「やまつみ（山祇）」とか「わたつみ（海神・綿津見）」など神々がたくさんあります。これは山の神、海の神ですが、「山祇」とは山に神が住んでいるということでなく、山がすなわち神だという意味です。本居宣長《もとおりのりなが》は『古事記伝』に神を「迦微《かみ》」という字で書いていますが、これはいわゆる「神」よりもっと広い範囲を含めているわけです。宣長の考えでは、日本の古代人が「カミ」と呼んだものは天皇の先祖、天照大神とか、天神地祇《ちぎ》とか、あるいは社に祀られた神々だけではなく、人間を含めておよそ何か畏るべきもの、なんとも形容のできないデモーニッシュ（悪魔的）なものを指しているのです。人間の判断や理解力では把握できない異常なものにでくわした時、上代人はそれを「カミ」と呼んだと書いています。たとえば狼でもやはりそうです。人間以下の存在であるとはわかっているのに、ぞっとする畏怖感をおさえきれない――こういうものをすべて上代人は「カミ」と呼んだというのが宣長の主張です。

このような神々に満ちたコスモスとは、換言すれば多神教と言えます。神話は多神教です。ひとつだけの神などありません。ところが、ユダヤ教が登場すると、このような神話的な神観念が一変します。ユダヤ人は、これまで世界の中にいた多数の神々の代りに、世界（宇宙）そのものを創造した唯一の神・エホバを置いたわけです。つまり、それまでは世界の内にいっぱいあった神々が全部ひとつになって外へ出てしまいました。そして、その神は世界に対して超越的に臨み、世界を支配し、摂理するのです。世界を創造し、世界の運命を手中に握る絶対的な意志を持った超越神がユダヤ人の義の神です。

この神観念は、イエスを通してキリスト教の愛の神に変化、発展しますが、とにかく、世界の中に神々がなくなったわけだから、世界は当然神話的ではなくなります。いわば死んだ世界になった。なぜなら、神々がいなくなることによって、世界は世界それだけになり、意味を持たないものになったからです。だからキリスト教は異教の神話を破壊した宗教だということも、あながち的はずれではないのです。

私も、キリスト教という宗教は、実に近代の科学による神話批判に先立つ神話批判だと思います。しかし、それにしてもキリスト教の超越神は、いったん世界の外に超越しながら、しかもその越えたところから再び、この被造界というものに関係しているわけです。たとえば、アウグスチヌスという古代末期の神学者は、「天地間の万物は、みな、自分たちは神によって創られたと語っている」と書いています。宇宙の中のすべての存在はみな、われわれは神によって創造されたと語っているというのです。世界の外へ超越した神が、依然この世界に関係している。したがってこの世界全体は、やはり神によって支えられ、神によってその目的と意味を与えられているということになります。

この世界に偶然というものはありません。キリスト教の立場では、この世界存在は偶然ではなく、神の意思によって創造された。そして神に摂理されており、終局的には、世界は神の国を目ざしている――人間の生活、その文化や歴史は結局神の国へ往くための道程だという考え方がされてきます。キリスト教もわれわれのいる世界は偶然にできたのではなく、理由があり、目的があると考えている点では、ギリシャ人たちのコスモロジーの範囲の内に本質的にはあると言えます。

近代自然科学の自然観

「何のために世界はあるのか」という、世界の意味や構造についての問いに答えるのがコスモロジーでした。ところが、伝統的なこのコスモロジーに大きな揺さぶりをかけ、ひとつの大きな批判を投げかけたのが、ヨーロッパのルネッサンスに始まり、十七世紀から今日にまで至る自然科学の機械的自然観です。自然科学は世界というものから人間的な意味や目的を奪い去り、死んだ物質としての宇宙の姿を呈示しているわけですから、それまでの「コスモス」の概念を崩しています。だから厳密に言うと、これはもはやコスモロジーとは言えないのです。

それまでのキリスト教の教会のコスモロジーは、当然地球中心ですから、まず人間の住む大地があり、その両端に行けば落ちる奈落（世界の果て）となり、その下は地獄になっているという考え方です。だから地獄はわれわれの世界のすぐ下にあるのです。そして大地の上には、いわゆる天界を置きますが、これも月を境にして月下の天界と月上の天界に二分する。この説はキリスト教教会が創案したものではなく、ギリシャの哲学者アリストテレスや天文・数学者プトレマイオスらのコスモロジーをそのまま踏襲したものです。要するに月の上の世界と月の下の世界は、まったく違う物質で構成されているという考え方です。当然、そこには地球という観念はありません。人間のいる地上世界は大地です。その大地、今日でいう地球が球体だというのは、コペルニクス以後に出てくる説で、それまでは地球を星とは考えません。星は上にしかないわけです。月を境にして、世界は上下に分たれ、月下の世界は構成する物質も粗悪だし、運動は単純な直線運動をしています。それに対して、月上の世界、つまりわれわれが仰ぎ見る星の世界、星空は物質も月下より上級のエーテルでできているし、そこでは、より複雑な円運動が行なわれます。物質も運動の性質も異なるのです。そして、その一番高い所に神がいる。星の世界、いわゆる恒星天の最上層に神の御座《ござ》があって「高きにいます神」を人間が仰ぐ。ざっとこのような観念が、だいたいアリストテレスやプトレマイオスから由来するキリスト教の宇宙論の骨組みです。

元来、ユダヤ教やキリスト教という宗教は、そうした宇宙論を持たなかったのですが、ローマに伝わってカトリックとして確立する際、先に述べた、プラトンやアリストテレスらのギリシャ哲学を採用し、信仰の弁護と理論構築に理性的思考を使用しました。とくにアウグスチヌスは、プラトン哲学を駆使してキリスト教信仰の内容を大きな神学体系に組織した人です。古代末期の最も偉大な思想家のひとりですが、そのアウグスチヌスらによってギリシャ哲学者たちのコスモロジーがキリスト教信仰と結びついたのです。

ところが、長い間中世を支配してきたこのような考えが、コペルニクスやケプラーなどの天文学者らによって破られてくるわけです。ポーランド生まれの僧コペルニクスは、今までの地球中心の天体理論をひっくり返し、われわれのいる地球の代りに太陽を中心にして、惑星の運動を説明しました。地球も他の星と同じように太陽の回りをまわっている。天体が動いて見えるのは、地球の方が動くからだという理論です。この地動説は今でこそ当り前ですが、当時のキリスト教会の人々にとっては、それこそ足下が崩れるようなたいへんなショックだったに違いありません。

それでも、コペルニクスやケプラーの場合は、地動説を新しい哲学的なコスモロジーとして前面に打ち出したのではなく、ただ天体の運動を計算するのに便利だから用いているだけのように思われます。いわば、キリスト教と折合っていたと言えましょう。たとえばケプラーは『コペルニクス天文学の概要』という本の中で、太陽の自転する力の源は、全能の神から由来する霊の力にあると言っています。教会と不和になったのは、望遠鏡による星の発見によって地動説の反対者を黙らせたガリレイの場合です。彼は天動説を打破した『天文対話』という本のために宗教裁判にかけられました。もっともすでに老齢のガリレイは静かな余生の保証の方を選んで自説を撤回したため、刑務所行きを免れるのですが、小さな声で「それでも地球は回る」と言ったという有名な逸話を残しております。

ガリレイと違って過激だったのはジョルダノ・ブルーノです。イタリアの哲学者でドミニクス会士であったブルーノは、一六〇〇年、異端のかどでついにカトリック教会の手で裁かれ、バチカンの広場で焼き殺されました。彼はコペルニクスの地動説を哲学的に根拠づけようとしたのです。すなわち近代の新しい宇宙論を開いたと言えます。彼の宇宙論では、この宇宙の中には無数の太陽と世界がある。地球は、その太陽の回りをまわる星にすぎない。しかも太陽はひとつでなく、無数の太陽、つまりたくさんの恒星があって、無限の空間を運動している、と説きます。ここにはじめて、積極的な意味で「無限」という観念が入ってきます。キリスト教の場合でも世界の無限という考え方はなかったのですが、ブルーノはわれわれは時間的にも空間的にも無限の世界にいるという汎神論を主張したのです。無限な宇宙は永遠、不変な存在であり、そのいたるところに神の栄光が満ち満ちている。神の存在を宇宙の無限性の中に求めたのです。ブルーノは、自然の熱狂的な賛美者でした。

このコスモロジーが、キリスト教の教会当局と衝突するのは自明の理でした。なぜなら、ブルーノの論に立てば、地球はもはや宇宙の中心でなくなるからです。キリスト教は地球中心主義です。われわれのいるこの地上だけが、イエス・キリスト、神の子が生まれたもうた特別なところだという立場に立っています。これは、やはりセム族特有の選民思想の残滓《ざんし》でしょう。キリスト教はユダヤ教の制限を超えたにせよ、やはりこの人間本位の発想は払拭されていないようです。

この人間中心の世界の観念は、ブルーノに言わせれば一種の色メガネだったわけです。彼はヨーロッパ各地を放浪した人でした。どこに行っても受け入れられず、帰ってきたら罪を許してやるというカトリック官憲の奸計にかかりローマに戻ったところを捕まってしまう。そういう経歴を持つ人物だけに民族主義的な偏狭な視野に立ちません。地球だけを中心に考えるようなキリスト教の思想は、世界を色メガネで見ている狭い人間中心の考えだというのです。この無限な宇宙を人間中心に限定してしまい、無限を有限化する狭いかたよった見方です。ブルーノは人間の色メガネを捨てて、この宇宙それ自体のあるがままの姿を見たらどうかと提案したのです。

私は、このブルーノの言葉に真理に対する情熱のすばらしさをおぼえます。人間だけが宇宙の中心だというのは人間の思い上がりです。ブルーノは、人類は長い間偏見や思い込みで、真理というものをごまかしてきた。一度その色メガネをはずしてみたらどうかと言っているのです。だからブルーノの生きたルネッサンス期は、哲学と科学という二つのジャンルは、同じ精神に貫かれていたのであって、共に教会の硬直したドグマに対して戦ったのです。真理を探究していく過程において、人間中心の偏見を離れようと努めたのだと思います。

自然科学を生んだ精神は、人間が人間中心の色メガネを離れて宇宙をありのままに見ようという精神であり、学問とは要するに人間の偏見を離れることなのです。好むと好まざるとにかかわらず、宇宙はこのようになっているということを認めることです。出た結果が嫌だからといって、それに目をふさぐのは学問ではないのです。真理というものは自分は嫌だから目をそむけて片づく性質のものではありません。たとえ、その結論が自分の意にそわないものであろうと、事実を事実として認めていく自然科学の態度が、やはり今日の発展をもたらしたのです。人間本位の勝手な思い込みを捨てた近代科学の大きな力がそこにあるのです。

念仏とは宇宙の法則に従うこと

宗教でも本当の宗教なら、同じことが言えると思います。自分はこうありたいなどという主観的な心情では、人間は救われません。主観を超えたあるがままの真理に心を開いていくということがなければ、人間は救われないのです。親鸞が言ったのは、やはりそういうことではないでしょうか。好きであろうが、なかろうが、阿弥陀の本願力に乗れば極楽に往ってしまうのです。これを親鸞は「法則」と呼んでいます。極楽に往生して涅槃《ねはん》の悟りを得るのは法則によると書いている。法則という言葉をちゃんと用いています。「法則」とは、明治になってlawやGesetzという外国語の訳として作られた語でなく、昔からある言葉のようです。

親鸞の書いた書物のひとつに『一念多念文意《いちねんたねんもんい》』があります。これは、親鸞の尊敬する先輩で、法然の弟子でもある隆寛《りゅうかん》律師が著わした『一念多念分別事《ふんべつじ》』を細かく注釈したもので、「南無阿弥陀仏」という称名念仏は、「一念」でいいのか「多念」かということをテーマとしています。つまり、一生涯念仏をしてはじめて救われるのか、それとも一回の称名で救いが決まるのか。法然門下の間に起こったこの論争に解決を与えようとした書でしたが、これを解釈した『一念多念文意』の中で、親鸞は「法則」という言葉を次のように使っています。

如来の本願を信じて一念するに、かならずもとめざるに無上の功徳を得しめ、しらざるに広大の利益を得るなり。自然《じねん》にさまざまのさとりをすなはちひらく法則なり。法則といふは、はじめて行者のはからひにあらず、もとより不可思議の利益にあづかること、自然のありさまと申すことをしらしむるを法則とはいふなり、一念信心をうるひとのありさまの自然なることをあらはすを法則とは申すなり。

この大意は、「南無阿弥陀仏を信じ、お念仏をしたら、自分が求めなくとも、自分が知らなくとも、限りない功徳を自分はいただくことができる」というものです。つまり、救われたいとか、どういう手続きで救われるのかなどということはぜんぜん知らなくとも、南無阿弥陀仏を信じ、称えたら、ひとりでにそうなるというのです。ここに「法則」という言葉が明確に登場しています。

だから、親鸞の念仏とは如来の宇宙の法則に従うことをいうのだと言えましょう。ちょうどニュートンが発見したように、宇宙の天体は万有引力に従って、一糸乱れず、その軌道を運行するようなものです。いくら軌道を逸れようと思っても離れることはできません。自然法則の軌道の上を天体は走らねばなりません。同じように、われわれが自力のはからいを捨てて、南無阿弥陀仏の法則に乗れば、われわれは必ず、ひとりでに極楽に生まれ仏になるのです。極楽はどこか、死んだらどうなるか、本当にそこへ往けるのか、などと考える必要はすこしもない。これは親鸞の宗教の大きな特色であるとともに、普遍的な真理に従う人間存在の道であると言わざるを得ません。真理、本当の知見というものに自分を開放していくところに、仏教の本質があることを教えてくれます。仏教は目をふさぐことではない。親鸞の「法則」というこの言葉に、改めて真実にまかせることの大切さを痛感させられます。

宇宙の死

ドイツにマックス・プランクという二十世紀初頭の理論物理学者がいます。ノーベル賞も受賞した人ですが、「引力常数」や「熱輻射の常数」など今日の量子力学の糸口となった法則を発見しています。プランクによると、これらの法則は普遍的なものであって、もし他の惑星に人間と同じ程度の知的生物がいるとしたら、かれらもまたこの自然法則を認めざるを得ないだろうと言っています。このような普遍的な法則によってこの宇宙は支配されているというのが、自然科学の立場です。

プランクのいう法則は、人間の知性だけがとらえ得る法則ではありません。人間だけが人間本位に決めこんでいるような法則を指すものではない。この宇宙の中にもし他の知性的生物があって、かれらが理性的にものを考えることができたら、かれらもやはり、われわれが発見したような引力常数を承認せざるを得ないと言っているわけです。宇宙の法則のこのような普遍性が、自然科学のよりどころです。科学によって人類は、どうしようもない自然界の本当の姿を見てしまったのです。しかも、われわれにたいへんな不安と孤独感を与える死の世界を見てしまったと言えます。

なぜなら、われわれのこの宇宙はたいへんな低温やたいへんな高温が普通のことです。たまたま現在の地球は適度な環境に恵まれていますが、太陽をみてもわかるように、宇宙にはたいへんな熱があります。生物どころか、あらゆる物が溶けてしまう高温です。しかも他方には想像を絶する低温もある。とうてい生物が生きることのできない超高温と超低温の循環が、この宇宙の本当の姿であることを科学は教えています。それがどういうわけか、地球というところにたまたま生物が生存できる環境が保証されている。これは惑星ガイア理論という、英国の生物学者ジェイムズ・ラヴロックが唱える仮説で説明されています。地球をひとつの生命圏、ガイアというひとつの個体と考えて、地球が自分を守っているという説です。たいへんな寒冷、高温が本当の宇宙の姿（常数）であるのに、地球はガイアとして自分を適度な温度に保っているから、現在の生命環境があるというのです。

ところが、最近このガイアの自己保存機能が限界まできていることが物理学者たちによって指摘され始めました。二酸化炭素の濃度が現在最悪のレベルに近づいているというのです。このまいったら、あと数億年のうちには太陽の熱を調和できなくなり、金星のようなすさまじい高温状態となる危機がやってくると言われています。つまり地球という温室が機能を失い、宇宙本来の苛酷な条件にまともにさらされてしまうのです。ガイアは死んでしまうわけです。

今日の地球は、日本のある地球物理学者の説によると、人間の平均寿命を八十歳とすれば、すでに七十歳のところまで来ているとも言われます。われわれの地球は、あと十年の命になった老人だということです。永遠に住める安全な住家でないことははっきりしています。二酸化炭素の濃度の問題ということと同時に、他方ではこれまで宇宙線や紫外線を防いでくれた高空のオゾン層の〝笠〟が破壊される危険性が地球にしのび寄っていると言われています。これは人間の手による環境破壊です。

とにかくそうした危険なところへ地球がさしかかっているのがわかってきたということは、われわれのいる世界が、いかに人間本位、人間中心にできていないかを物語るものでしょう。本来地球は人間の生存欲を満足させるようにはできていないのです。人間のために神が世界を創ったなどとはとうてい言えなくなります。ライプニッツやカントなど近代ヨーロッパの哲学者たちは、世界の不完全性や悪の事実から神の正義を弁護しようとしたわけですが、そういう伝統的な弁神論というものは、現代ではほとんど成り立ちにくいものになってしまったのです。

このように、われわれのいる宇宙は無限の高温と無限の低温のはざま、いわば死の砂漠にちょっと浮かんだ小島みたいなものです。そういうことを自然科学が解明してきた。何千年にわたって、人類が自分たちの世界は自分たちの生存の目的にかなうようにできていると勝手に考えてきたわけですが、そういう色メガネによる宇宙の見方を破るようなことが起こったのです。自然科学は、人類が自分中心に考え、夢みてきた世界像を粉々に砕いてしまいました。人間はけっして自分たちに都合のいいようなところにいるのではない、われわれが生きているのは偶然としか言いようのない環境なのだ、ということをはっきりさせてきたわけです。

パスカルとデカルト

科学は、一口で言いますと、神が存在するということが簡単に言えない状況をうみ出したのです。これは伝統的なコスモロジーの終焉です。しかし自然科学はわれわれの存在に意味というものを与えてくれないわけです。いったいこの宇宙万物は何のために在るのかという問いに、「それは意味も目的もない」と答えるのが自然科学の立場です。このような自然科学のいう宇宙の死の姿に真っ先に戦慄した人はパスカルです。「この無限の空間の永遠の沈黙は私を戦慄させる」という有名な言葉を残しています。彼は人間存在を「考える葦」と定義した哲学者ですが、物理、数学を手がけた自然科学者でもあり、また一方では非常に熱心なカトリック信者としても知られています。ギリシャ哲学やキリスト教のコスモロジーは、たとえてみると、この世界を明るい電灯に照らされた住みごこちのよい部屋と考えてきたようなものだったと言えます。ところが自然科学がこの快適な部屋の壁を取っ払ってしまった。上も下も四方も取り除いたら、なんと周囲にあるのは真っ暗な、死んだ世界でした。宇宙の死の様相を自然科学はわれわれの前にさらけ出したのです。パスカルはそれで結構ではないかとは言えない人でした。それが先の「私を戦慄させる」という言葉です。

自己がその中に生きている世界の意味を求めてやまないのが人間です。「なぜ人間存在はあるのか」「生きるとは何のためめか」という問いを問わざるを得ないのが、およそ人間というものです。パスカルは、機械的に運行するだけの死んだ物質としての宇宙の中に、生身《なまみ》の自分がいるのだということに驚いた。「いったい自分は何のために生きているのか」との問いを立てても答えない宇宙、問いを吸い込んでしまうだけの物質としての宇宙が、われわれのいる場所だということを絶望的に認識したのです。そしてこの物質としての宇宙がけっして幻想でなく、自然科学者のフィクションでもないことを明らかにしたわけです。

パスカルと対照的に、このことに驚かなかった人は近代合理主義哲学の祖デカルトです。彼は一方で死んだ宇宙を言いながら、一方で神の存在を肯定する不可解なところがあります。パスカルなどは、そういうデカルトのやり方は不確実だと批判しています。デカルトは、死んだ宇宙を承認して人間の体も機械にすぎないとしながら、一方不滅な霊魂があるとも言います。しかし霊魂と肉体との関係についてはうまく説明できなかったのです。機械的に動く宇宙と神の創造の力とはいったいどうつながるのか、という疑問に対しては、神の力は最初の一撃だけでよいというのが、どうもデカルトの本音のようです。神は自分が創った機械であるところのこの宇宙を初めにちょっと動かした、そうするとあとはひとりでに動いていく。これでしたら、本当は神さまは必要ないのではないでしょうか。

このようにデカルトは、神と物質の宇宙のいったいどちらを信じているのか、すなわち無意味な宇宙を信じるのか、それとも意味のある神の世界を信じているのかわかりにくいところがあります。だからパスカルは「無益で不確実なデカルト」と言ったわけです。この両者の違いは、やはりパスカルが宗教家であったところからくるものでしょう。無限の宇宙の中の自分の位置を知って戦慄したパスカルと、「我思う、故に我あり」というように、自分の理性を信頼し、物体と精神の二元論で満足したデカルト。しかし、近代人の置かれている状況をより正直に証言してみせたのはパスカルの方だ、と考えざるを得ません。

宗教と科学の課題

そういう次第で、近代人がいったん覗《のぞ》いてしまった、意味も目的もない物質の世界というものを、われわれは見ないふりをするわけにはいきません。もし本当の宗教なら、そうした世界の真っただ中でなお、人間存在の意味や目的を回復できなければならないはずです。これからの宗教とは、科学が破ってしまった温室を再びもう一回修復することを目ざすべきではありません。その温室の中でなく、吹きさらしの外で生きることができるような宗教でなければなりません。キリスト教の教義がどうしても説得力を失ってきているという今日、現代人の感覚からしてそのことを私は強く感じるのです。

保守的な神学者や牧師の中には、「現代人は非常に堕落して悪くなったから、神を信じなくなった」という人もいますが、そんな単純なことではないと思います。人間はいつの時代でも悪いのです。昔から悪いのであって今だけが特別ということはありません。たしかに現象面だけ見ると、いろいろな悪徳が現代社会には増えているように見えます。けれども人間存在は、悪いといえば、ある意味でもはや救いがたいほど本当に悪い。善導《ぜんどう》大師の言うとおり、永遠の昔から罪悪生死《しょうじ》の凡夫です。最近悪くなったから神を信じなくなったのではありません。

われわれは、いったん自然科学が教えるような世界を覗いてしまった以上、もはやそれにフタをしたり、それから目を逸らしたりすることはできないわけです。フタをしないで、しかも仏とか神とかいう思想をどのように回復できるかが問題なのです。宗教はこれからそうした方向に向かわざるを得ません。その意味では、まさに今は宗教が本当のものであるか、ニセ物であるかが厳しくふるいにかけられ、試されていく時代だと言えましょう。

しかし一方で、この方向に逆らうかのように、また新たな幻想をふりまく動きが目立ちます。近年出てきた新宗教、新新宗教と呼ばれるものの大半がそうです。こうしたら幸せになれる、などの類の宣教は、やはりこの世界に温室を作ろうとする試みだと言えます。キリスト教のコスモロジーも温室にすぎなかったわけですが、とにかく二千年という歴史を支えてきました。それはそれなりに意味があったと思います。ところが、今、出てきている新宗教などは、要するにコスモロジーというものがあいまいです。最小限度の知識があれば、そのような宗教に入るはずがないのですが、人間とは本当に不思議な存在だと思います。

第一に自然科学者からしてそうです。かれらは研究室の中では、ガリレイやニュートン、あるいはマックス・プランクらが示した死の世界と交渉しているわけです。神、仏はもちろん悪魔も住んでいない物質の空間を相手に研究しています。すなわち、まったく無意味な世界との交渉なのです。ところが、家庭に帰ってくると、やはり何か神が存在するかのような生活をしている。存在すると確信しているのでなく、信じているかのようです。いったい意味のある世界が本当なのか、それとも実験室で交渉している無意味な世界の方が本当なのか。かれらの行動様式を見ていると、本当に人間は不思議なものだと思います。

ニュートンは、いうまでもなく「死んだ世界」を代表する人物です。彼は色彩を研究して、どんな複雑な色であろうと、プリズムで分解すると七色のスペクトルに還元されると主張しました。この明るい様々の形や色彩からなる世界の多様性を七色という死んだ世界に還元してしまう。また力学の面でも運動は、地上であろうが天体であろうが、引力によって説明できるという万有引力の理論を立て、すべての領域で死んだ世界を決定的に明らかにした人です。ところがニュートンは、このように意味のない宇宙の姿をさらけ出しておきながら、一方でまた創造の神の存在を信じていたかのようです。あるいは信じるふりをしたのか、ちょっとよくわかりません。とにかく神が何年前に宇宙を創造したか本気で計算しているおもしろい人でもあります。神が創った宇宙などではないことを証明しながら、他方でいったい今から何億年前に神がこの世界を創造したかを計算しているのです。

どうも物理学者には、そうしたところがあるようです。自分たちのやっていることが人間存在に対してもつ意味がよくわからないのだという気がします。人間の生活の営みも自然もみな偶然なのだと言って温室を破ってしまった自然科学は、今までの古い哲学や宗教では、もはや根拠づけることができない世界を見せてしまったのに、自分たちのしでかしたたいへんな出来事の意味に、本当には気づかないのです。これは現在の物理学者でも同じことが言えます。「そのうち人類は滅びます。それもそんなに遠いことではない」と簡単に言って、しかも平然としているようです。悟っているのか無感覚なのか、ちょっとわかりかねます。

ゲーテは百七十年も前に、ニュートンが発見したような死んだ宇宙の考え方にもとづく機械論と科学技術がやがて人間生活を支配して、宗教や芸術などがまったく根こそぎになる時代がくるだろうということをいち早く予言しています。これからは芸術家には生きにくい時代がくることを十九世紀の初めに予言しています。自然科学は人間や人間の心を生きた母なる自然から切り離し、人間存在そのものを危険に陥れるだろうということを感じとったのです。さすがに詩人の直観というものは鋭いと思います。

そこで彼は、ニュートンを最大の敵と見なしました。色彩についての実験を行ない独自の色彩論を発表して、ニュートンの色彩論に抵抗しようとしました。ニュートンの理論は、人間が肉眼で知っている色とは見せかけであって、どんな複雑な色であろうとその正体は単純な七色だと考えたことはすでに述べました。これに対し、ゲーテは異論をはさみ、色の正体は七色にあるのではなく、肉眼がきれいだなあと感じるところにこそあると主張しています。つまりニュートンによれば、色は光だけから生じるのに対して、ゲーテは光と闇との結合から生じると言うのです。結果は残念ながらゲーテの敗けでした。ニュートンの色彩論は物理学の教科書にまで出てきますが、ゲーテの説は芸術や生理学には影響しましたが、その他の人々によってはほとんど無視されてしまったのです。

しかし、ゲーテの主張はやがて量子力学のハイゼンベルクなどに継がれたとも言えます。彼は原子の世界という、ニュートン物理学が知らなかった量子力学の世界を発見します。つまり、普通の物体の速さや位置についてはニュートン力学は成立するのですが、物体の速さが光速度のスピードに近づくと量子力学によらないと説明できません。原子とか電子など極微の世界では、むしろゲーテが色彩の現象の研究において直観したように、因果律の必然によっては説明できないことがあったのです。換言すれば、生命や主体にとって意味のある世界の重要さというものが、ハイゼンベルクなどの研究によって明らかになったわけです。ハイゼンベルクは「現代物理学に照らして見たゲーテの色彩論とニュートンの色彩論」という一九四一年にブダペストで行なった講演の中で、物理学をもう一度洗い直し、ニュートン一辺倒のそれでなく、ゲーテのような考え方をも採り入れた自然認識の道を作る必要があるという意味のことを言っています。

還相回向

そういうわけで、自然科学が成立することによってこれまでの西洋のコスモロジーは破られてしまったということを考え直す時期が来ていると思います。しかし、これはけっして西洋人だけの問題ではありません。日本人にもすでに教養、知識として自然科学は生活に根をおろしているわけで、これは今日の宗教の可能性というものを考える場合、無視できない問題だと思います。そうした観点から仏教の思想の中にあるコスモロジーの可能性をすこし考えてみたいと思うのです。

最初に「親鸞のコスモロジー」と申しましたが、これは親鸞聖人が創唱したというよりも、大乗仏教としての浄土教の中にもとからあったものが親鸞において明瞭にされたと言う方が正しいと思います。もちろん親鸞はべつにコスモロジーを論じたわけではなく、信心のことだけを語った思想家です。信心というものは世界についてのさかしらな理論を拒むものです。それにもかかわらず、親鸞の信心はひとつのコスモロジーをともなっているように思われます。それは、如来にまかせた罪悪生死の凡夫の前にのみ開かれてくるような客観的な世界の構図だと思われるのです。

浄土教の歴史の中で親鸞が果たした大きな寄与のひとつは、「還相回向《げんそうえこう》」を説いたことではないかと私は思います。それまでの浄土教は浄土へ往く方向（往相《おうそう》）だけが主でした。娑婆から浄土へ往くということばかり考えています。少なくともそれが中心だったと言えます。こちらから向こうへ往くのです。そうするとこの現世は、どうしても一時の仮の場所という感じがつきまとってくるように思われます。それでは、なんとなく心細くて仕方がない。極楽へ往け、極楽へ往けと言われるだけでは、やはりなんとなく不幸です。いや、向こうは地獄ではなくて極楽だよと言われても、どうでしょうか。「まあ、そのうちに往かねばならないだろうが、なるべく遅い方がいい」ということになってしまいそうです。源信の浄土教にはそういうところがあります。臨終の時、一生懸命にお念仏を称えて西方極楽浄土へ来迎往生するのが人生最大の関心事となると、これはどこか心細い。私はそれはやはりニヒリズムに近い「不幸な意識」だと思います。

法然上人になると、源信に比べればよほど極楽は近くなりましたが、それでもまだ、やはりこちらから向こうへ往くことが中心です。ところが親鸞になると、「往相回向」と同時に、向こうへ往って還ってくるという「還相回向」が重要になってきます。つまり、われわれの人生の目的は彼岸にある、ということで終らなくなりました。浄土教のコスモロジーはこの時点で大きく展開したと言えましょう。人生の目的とは「往って」そして「還る」ことだということになるからです。これは生命の二つの方向を表現したものです。しかも、それはみな阿弥陀の力によるのです。往って還るといえば、自分で一生懸命励むことのように聞こえますが、そうではなくひとりでにそうなるのです。

さらに申しますと、往相と還相とは別々にある二つの個別的な出来事なのではなく、一つの生命の環流の出来事を指すもので、生命の流れが回ることだと言った方がいいかもしれません。「往還の回向は他力による」と言われるとおりです。だから親鸞は『唯信鈔文意』の中で、浄土に往生して仏に成ることを「法性《ほっしょう》のみやこへかへる」というふうに表現しています。それだけではなく、このようにして浄土の悟りをひらくことが、そのまま生死の世界へ還ってくることだとも言うのです。

このさとりをうれば、すなはち大慈大悲きはまりて、生死海にかへりいりて、普賢の徳に帰せしむとまふす。この利益におもむくを来《らい》といふ。これを法性のみやこへかへるとまふすなり。

つまり、往相の方向は必然的に還相の方向をともなう。往相の中にすでに還相が可能性として含まれているということです。そうしますと、親鸞は世界の構造を、こちらから向こうへという直線だけではなく、向こうからこちらへという方向を備えた一つの円環と考えていることが明らかです。

キリスト教の場合は、地上から天国へ往く方向だけです。天国から還ってきた人はいません。ところがプラトンはおもしろいことを『パイドン』という対話篇の中で述べています。これは魂の不滅を証明しようとした著作ですが、その中で、もしもこの世に生きているものが死の国へ往くだけで終るとすると、最後にはこちらの世界に、生きているものはひとつもなくなるはずではないか、というのです。たしかにそのとおりであって、向こうへ往く方向だけがこの世界の構造だとしますと、万物は必然的に死にたえてしまうはずでしょう。ところが、この世からまったく生き物が消滅してしまわないのは、逆に死者の国からつぎつぎにこの世へ生まれて来るからだ。生きる者が生じるのは、死せる者からであって、それ以外のところからではない、とプラトンは書いています。これはおもしろい着想です。プラトンも、このようにこちらから向こうへ往くことばかり考えるのは不充分だ。向こうからもこちらへ来ているから調和がとれているのだと言っているのですが、これは仏教的にいうと無限の生死の輪廻《りんね》の思想だとも言えます。

プラトン哲学は、最後は結局、死後の「イデアの世界」を考えています。プラトニズムは二世界主義と呼べます。つまり、ひとつの世界は、こちらの地上の世界、色や形のある時間の世界で、生滅変化してやまない仮幻の世界です。真に実在する世界ではなく、「存在」と「非存在」のミックスした世界です。生まれてくることは、非存在から存在へ来るということだし、一方、死とは存在から非存在への移行となります。だから、この世界は生成です。生成とは存在でも非存在でもありません。無でも有でもない、両者の混合です。したがって、本当の意味で存在する世界ではなく、絶えず非存在を交えたものです。真実の存在とは言えません。それがわれわれの地上の世界だとプラトンは説いています。

一方、魂が本当の自分に目覚める認識によって、本当の存在の世界、つまりイデアの世界へ登る。プラトンは、このイデアの世界こそこの現実の人生に根拠と意味を与えるものだと考えました。そういうプラトンのコスモロジーでは、時間の世界から永遠のイデアの国へ往く直線の方向が軸になっています。イデアの世界からこちらへ来る方向は、たんなる転落、もしくは堕落としてしか考えられていないわけです。永遠のイデアを観想していた魂が、そういう状態から落下して、肉体の牢獄に閉じこめられたのが、この世の自分だという考え方です。永遠から時間へ来る道が積極的に考えられていないから、結局、永遠と時間は別々になる二世界説だと言えます。

現生不退

けれども、親鸞の場合は違います。浄土教でも初めの間はやっぱり、こちらから向こうへ往く——極楽浄土へ往くのがこの人生の最終的な目的だということになっていました。極楽往生のことばかり考える。『一言芳談抄《いちごんほうだんしょう》』の中にも、そういう思想を述べた文章があったように思います。比叡の神社で、ある時ひとりの女性が十禅師の前で夜更けに鼓を打って「とてもかくても候、云々」とうたったというのです。どういう意味かと人に訊《き》かれて、生死無常のこの人生はしばらくのことだ。「とてもかくても候」、それよりも極楽へ往くこと、後生を助かることが大問題であって、その他のことはどうでもよいことだと、そういうことを言ったというのですが、そういう思想は、やはりこっちから向こうへということであって、向こうにだけ意味がある。この現実の世界よりも向こうの世界を重視する源信のような浄土教の立場では、どうしてもそのようになってしまいがちです。

しかし、親鸞聖人の思想はそうではないと思います。この現実の生存の本当の意味を確認することが浄土真宗です。この世界のことはどうでもよくて、向こうへ往くことが目的だということではありません。そうでなければ「現生正定聚《げんしょうしょうじょうじゅ》」とか「現生不退《ふたい》」という思想が、あんなに力説されるはずがないでしょう。生死動乱のこの現実の生活のただ中で、如来の本願に救われるということが親鸞の一番根本の教えです。たとえば『末灯鈔』の第一書簡に、「真実信心の行人《ぎょうにん》は、摂取不捨のゆへに正定聚のくらゐに住す。このゆへに臨終まつことなし、来迎たのむことなし。信心のさだまるとき往生またさだまるなり」と記されているとおりです。

この現生不退ということを別な視座で言い換えますと、往相と還相の回向ということになるのだと思います。具体的に言うと、往相とは、如来の回向の力によって極楽に生まれるということです。これに対して、還相とは極楽に生まれたものが、まだ極楽に生まれずこの現実の生活の中に迷っている衆生を救うために、生死の中へ還って来るということで、これもまた如来の回向による。曇鸞《どんらん》が『浄土論註』の中に書いているとおりであります。けれども、これは前から言っていますように、向こうへ往って、それから還ってくるということではない。そういう時間的順序を考えたら、それは仏教ではなくなるということです。常識的に解しますと、還相のことは死んでからの話だということになるでしょう。浄土に生まれてもいないのに、今ここで還相なんかを言う資格がないのではあるまいか。『歎異抄』を見ますと、ある意味ではそういうふうなところもあるようです。

慈悲に聖道、浄土のかはりめあり。（中略）浄土の慈悲といふは、念仏して、いそぎ仏になりて、大慈大悲心をもておもふがごとく衆生を利益するをいふべきなり。

つまり、どんなにこの世で救いたいと思っても、それはとうてい不可能だから、まず自分が浄土に生まれて仏の悟りをひらいたら、妻でも子供でも、誰でも自由自在に救うことができる。まず自分が念仏して浄土へ往くということが先決問題だ。念仏ということを抜きにして人を救おうなんて、そんな慈悲は末通《すえとお》らない。これはまったくそうです。しかし問題は、極楽に往ってからという、「往ってから」という時が時間的な前後かどうかということになるわけです。死んでからというところに必要以上に力点を置くと、妙なことになってしまうと私は思います。

死んでも生きてもかまわんということが、親鸞の言いたいことなのです。死ぬとか生きるとかいう分別に力点がいらなくなってくるのが信心です。信心がないから「死んでから」と言うのではないか。死んでからなどという言葉を使うのは、信心がない人がそういうことを言うのでありましょう。信心があったら、死んでからも生きている時もそんなに違わないことになってくるのです。われわれの力では絶対にとることのできない生死の壁が如来によって突破される経験が信心です。今は生きているのだ、死んでからの話はまた別だ、というような分別が突破される、それを信心というのです。如来の力で生死の枠が突破されるのが信心です。親鸞はそれを教えたと思います。この大切な教えに従わないで、まだ死んでいないから、そんな話はできないと、もう一度両者の間に余計な垣根を作ったら、これは親鸞の本意からそれると思うのです。それは死んでからの話だ、今はできませんなんて力む必要はないと思います。そういう力みがなくなってくるのを信心というのです。そこをやはり誤解してしまって、信心のことを言っているのに、また常識の分別が入ってくる。

これが先で、あれはその次ですなどと言っているのはすこしも仏智不思議ではないのです。そういうのは凡夫の思議にすぎません。これは生きている間だけの話、あれは死んでからの話、これでは思議になってしまう。不思議とは、そういう分別がなくなるのを不思議というのです。人間の頭で考えるような順序だったら仏智不思議でもなんでもないと思います。だから仏教を人間の分別的思考に引き戻したらダメなのです。われわれは、せっかく如来の本願力を信じることによって人間の分別を超えた世界に入っているのに、また分別の世界へ戻って、それをわざわざ自分の尺度に合うように語ってしまう。人間本位の小さな尺度に合うように語っては間違ってしまうと思います。『正像末和讃《しょうぞうまつ》』にこうあります。

南無阿弥陀仏の回向の
恩徳広大不思議にて
往相回向の利益には
還相回向に回入せり

ここで「回入せり」とある。もう往相回向の利益が還相回向の利益に回入していると言っています。往相がすなわち還相だと言われているのです。往相の次に還相があるということではないようです。そのように時間の前後で考えるのは私たちの思議にすぎない。不思議ということは、前後関係が突破されるということです。順序を固定してつける必要はないんです。順序は人間が作っている。仏さまに順序なんかないのです。人間が順序をつけたがるのです。

実際われわれは、信の一念においてそういう順序分別を超えているのです。しかし信心について語り出したら、また元の木阿弥になるようです。何も言わない時は、そういう世界に入っているのです。ところが、それについて言ってみなさいと言われたら、人間の言葉で言いますので、またもとの分別に戻ってしまうのです。お風呂に入ってきれいになっても、また垢がたまるようなものです。南無阿弥陀仏の回向の恩徳は広大不思議だ、と言われています。「恩徳広大不思議」というと、往相も還相も如来さまの力なのです。私らはどうしても自分でやるように、まず、向こうへ往ってそれからこちらへ自分が還ってくると、こうなるわけです。だけど本当はそうではない。往きも還りも如来さまの乗り物だ。南無阿弥陀仏の功徳は恩徳広大不思議だから、「往相

回向の利益には　還相回向に帰入せり」ということになる。同じように「往相回向の大慈より還相回向の大悲をう」。これは、私の方から向こうへということのようですが、実は向こうから、向こうの力によって往くのです。どうしてもこちらから向こうへ歩いていくように思うけれども、この道は向こうからの回向された力によらなければ、一歩も進むことはできません。自力によっては一歩も往けない道です。道は向こうから来ている。なんとなくあちらだけが他力のように思いますが、そうではなくて、この道がすでに他力回向によらなかったら一歩たりとも往けない道です。だから「往相回向の大慈より　還相回向の大悲をう」と言われるわけです。「如来の回向なかりせば　浄土の菩提はいかがせん」。

ほかにもたくさんありますけれども、とにかくそういう和讃を見ますと、親鸞聖人が、この世界というものをどういう具合に考えていたのか、この人生というものの目に見えない構造をひそかに直観していたことが知らされるようです。人生観と申しますと、人生とはこういうものだという個人的考え方のことになりますが、それに対して宇宙観、世界観というのは、個人の考え方とか、個人個人の信念とかそういう主観的なものではないのです。そうではなくて、もっと客観的な世界それ自身というものについての考え方なのです。信心それ自身はコスモロジーではないけれども、コスモロジーを背景にともなわざるを得ないように思います。

大いなる如来の生命の流れ

親鸞は宇宙を一つの円環として考えていると思います。親鸞の宇宙の真相は生命の環流です。世界というものには、まずこちらから向こうへ流れる生命の運動がある。如来の世界に生まれざるを得ないという大きな生命の潮流のようなもの、海流のようなものがある。信心によってわれわれはこれに乗るのです。それに乗ることを信という。潮流に乗らなかったら迷いです。その大きな潮流、浄土に向かって滔々《とうとう》と流れている、生きとし生けるもの、あらゆる物を乗せている大きな生命の流れがある。如来の他力回向がある。それに乗ること、それが往相回向の利益です。ところがこの往相回向の潮流はこちらへ向かう潮流でもある。だから往相回向の潮に乗れば還相回向にならざるを得ません。同じ一つの生命の流れだからです。これとあれと流れが二つあるということはないのであって、流れの方向が違うだけのことです。二つの流れがあるのではない。大いなる如来の生命の流れがあるだけです。

だから向こうへ往くことは、乗り換えなしに、そのままこちらへ来ることです。だって向こうへ往っていることはもうこちらへ来ていることでしょう。一つの円環の不可分の流れというものをいったいどこで分けるのですか。分けることなどできはしません。往相も還相も同じ一つの流れの方向の違いにすぎません。

「大信心海」という言葉が『教行信証』に出てきます。「信」とは自分の主観的な小さな心が突破された出来事であるということが、この言葉によく現われていると思います。「本願力回向の大信心海なるが故に破壊すべからず」。本願力回向の大信心海だから、仏を信じるということは自分で思い込むということではない。自分の小さな自意識で、私は仏を信じていますと力むことを捨てて、広大無辺の大信心海の中に入ることを他力の信と言う。だから壊れない。海が壊れることはない、と書かれてあります。破壊すべからず。破壊しないと言うのであります。自分で思っている自分の心はすぐ壊れますが、大信心海、仏さまの心は壊れることはないのです。仏心の大海へ入ること、そのことを信心と呼ぶ。だから信心とは自己を捨てることです。自分中心の分別がなくなることです。

極楽は「この世か」「あの世か」などと言っている間はまだ分別です。「死んだらどうなるか」などと言っているのも分別です。死ぬも生きるも、如来の本願力にまかせるというところに出た時に分別を超えるのです。「死ぬのは厭だ」「死んだ後は寂しい」、これはみな分別です。そんなことは全部如来さまにまかせておけばそれでよいわけです。如来さまにまかせておけば、絶対に悪いことは起こらない。自分で考えているから悪いことが起こる。自分で「ああだろうか」「こうだろうか」とはからうからだんだん悪くなってくる。心配しだしたら、ますます悪い方へ行ってしまう。考えてだんだんよくなってきたということはありません。だいたいわれわれはあれこれ考えすぎてダメになるようです。考えれば考えるほど、小さく狭い、暗い所へ行ってしまうように思います。ところが、それを全部まかせてしまったら、もう如来の大信心海の中だから、何ひとつ悪いことは起こらないのです。

親鸞聖人は浄土真宗をしばしば海のイメージで考えています。海はたんなる比喩ではなくて一種のメタファー（暗喩）とでも言うべきものです。とにかく親鸞の言葉は海のイメージになるとき最も生き生きとしてくるように思われます。

救われていかねばならないわれわれの存在のことを「一切群生海」、あるいは「生死の苦海」とも言います。如来の本願にまかすことができなかったら、この苦海を出ることができない。今生だけではなくて、無始以来です。無始以来の流転ですから、当然終りもない。

だから、これは円環の構造を持っているのです。私たちは勝手に、一部分を切って、人間は生まれて死んでそれでおしまいだという具合に考えていますが、それは円環の一部です。勝手に分別して、切り出すわけです。人生いかに生きるべきかと、ここで、人生相談みたいなことをやるのです。相談にのる人もやはり迷っている。だからなかなか思うようにいかないのです。いったい、相談にのる先生の方も迷っている。自分自身が溺れているのに、どうして人を救うことができるか。自分もアップアップしているのに、人の相談なんかにのれません。生死流転の全体を一部だけに限定して、人生を考えようとするのです。しかし、本当は始めも終りもないぐるぐる回りです。「一切群生海」「無辺の生死海」と言われる、そういうところにわれわれは沈没しているわけです。自分本位の自分に都合のいいような世界の見方を離れて、自分の色メガネをはずした時に、自分を発見する場所、それが「一切群生海」「無辺の生死海」と呼ばれているのです。

如来はどこにいるか

それでは、その一切群生海というものと如来とはいったいどんな関係になっているか。親鸞は阿弥陀如来というのはどこにいるのかという問いに答えて、その一切群生海の外にいるとは言っていないのです。たとえば、キリスト教の神さまは世界を創造して、その外、超越したところにいて、いわば高い上から世界を見ている。ところが親鸞は、『唯信鈔文意』の中でこう言っています。「この如来、微塵世界にみちみちたまへり、すなはち一切群生海の心《しん》なり」。如来というものは、実に一切群生海の心だと言うのです。「心」というのは「こころ」という意味ですけれども、同時に「中心」と言ってもいいし、「核心」と言ってもいいと思います。自己中心でない中心、自己意識を超えた心のことです。いったい如来はどこにいるかというと、一切群生海の心です。衆生の心と別のところではないのです。

われわれは生死の苦海で浮いたり沈んだりしている。たとえばいろいろの魚が泳いだり亀が泳いだり、貝もクジラもいる大海、そういう海にわれわれもいる。それが一切群生海。それを上から見下ろしているのが如来ではないのです。如来は一切群生海の心だというのは、つまり一切の群生、生きとし生けるものと運命を共にしているということです。われわれの苦しみを共に苦しんでいる存在だということです。われわれが苦しんだら、如来も苦しみます。われわれがどんなに苦しんだって、如来だけはちっとも苦しまないで涼しい顔をしている――そうではない。如来の居場所は一切群生海しかない、というのです。如来は、われわれの苦しみの中にしか住まない。

むしろそこにしか住む所がない。「一切群生海の心なり」と『唯信鈔文意』の中に言われているのはそういう意味だと思います。

それからさらに引き続いて、こう記されています。「この心に誓願を信楽《しんぎょう》するがゆへに、この信心すなはち仏性なり」。「この心に」、つまりこの一切群生海の心です。「誓願」、如来の誓いです。それを信ずるがゆえに、この信心がすなわち如来だと、こういう具合に言っている。仏の心と私の心が一つになることが信心であるわけです。「私が信じています」の「私が」ということがとれること、自己意識を超えることが信心です。信心ということは自己意識が超えられたことなのです。生きても死んでも如来の力の中だということは、自己意識の執着が超えられたということです。自分で自分を守ろうとしない、守る必要がなくなったということです。

その時に何が起こるかといったら、この一切群生海――私というものを吸い込む恐ろしい生死の苦海、絶対に出ることのできないと思っていたその同じ海が、如来の願海に転ずるということが起こる。生死海が本願海に転ぜられる。だから、親鸞のいう信心とは海そのものが転ずることなのです。われわれのいる世界と別な所へ往くことではないのです。ここは悪い所だが、あちらへ往ったら救われるというのではないのです。今、ここの場所の意味が変わることです。この場所の性格が本来のあり方へ変わること、それを信心と親鸞は言ったのです。引っ越すことではありません。この家はオンボロになったから、もっと良い家へ引っ越す、娑婆の家がこわれたから浄土の家へ越すというような存在論的な転宅ではない。親鸞はそういう存在論的転宅をしなかった人だと思います。そうではなくて、このオンボロと思っていた家が、そのまま如来の本願海であったということの不思議に気づいた人です。この大転換のことを信心と呼ぶわけです。親鸞は、信心とは小さな自分の心の中の思い込みのことではないということを、いたるところで説いております。信とは本願海の出来事、如来の大信海に入ることにほかなりません。

生死海での無限のぐるぐる回りが如来の願力にまかせるという信心によって、不思議にも大生命の円環に転ぜられる。これは生死が切断されて直線になるのではない。そうかといってもとの円環でもない。円環の意味が変わるのです。つまり還相と往相との二つの方向を持つ大きな生命の環流になっていく。これは信仰によって開かれた独特のコスモロジーではないかと思います。

すでに申しましたように、自然科学がわれわれに説得する死んだ宇宙の無限の中に、われわれは生きているわけです。意味も目的もない小さな星の上にわれわれは生きている。人類の位置は宇宙の中心ではなく周辺でしかないのです。それでもなお、この人間的生存に意味があるのか、というのが今日のわれわれの根本の問いです。そういう問いに似たものを親鸞の仏教は持っていたに違いないと私は思います。罪悪生死の凡夫という絶望的な人間の条件の中で、なおこの人生に意味があるのか。それでも生きることができるのか。罪悪生死とはわれわれの存在の宇宙的な死、絶対の死ということです。意味が見つからないところにどうしたら意味を見つけることができるのか、そういう問いを親鸞は出したのです。

生きられないところで生きることができるような力はどこから来るのか。自分が決めた主観的な意味ではなくて、世界の客観的な意味というものに目が覚める。そのためには、親鸞は自分のあらゆる意味に絶望したわけです。「いづれの行もおよびがたき身なれば、とても地獄は一定すみかぞかし」という親鸞は、生きることも死ぬこともできなくなったのです。「善悪のふたつ、総じてもて存知せざるなり」というのは、道徳的自己の判断についての迷いではないのです。自己の足もとが崩れるニヒリズムの経験が親鸞を襲ったのだと思います。生きることも死ぬこともできなくなった。自殺はなお世界の意味づけですが、それも無意味になる。この世のあらゆる意味がなくなったのです。それは、既成仏教のコスモロジーが、自力のコスモスが、破られたということでしょう。自分を含めた世界に意味がなくなる。自分の存在の足もとが崩れて虚無の深淵がのぞく。そのような無意味の中で親鸞は意味を回復したのです。その意味とはどういう種類の意味か。それは無意味と別にあるような意味ではなくて、この無意味の世界がそのままで持っているような意味であります。すべてを無意味にする罪悪深重の凡夫の世界のただ中に、ひとつの意味を親鸞は発見した。それが、阿弥陀仏の本願、本願の念仏というものであったのです。「煩悩具足の凡夫、火宅《かたく》無常の世界」（『歎異抄』）という場合の「火宅無常」ということは、実にリアルであります。マックス・プランクが言った「引力常数」「輻射熱の常数」、すさまじい高温と低温を常の相としているわれわれの宇宙を思わせます。宇宙物理学者がいうように地球は太陽へ没落するのです。金星のような灼熱状態になる。二酸化炭素の濃度が増加し、オゾン層が破壊されてだんだん高温になって最後には火の塊になって太陽へ没落する。まさしく火宅であります。

火宅無常の世界です。「火宅」という言葉は『法華経』の「譬喩品」に出てくる言葉で、われわれの住む所を大きな火の塊で、燃えている家にたとえているわけです。世界は危険で、何時、何が起こるかわからない。きょう知人の子供さんが突然自殺しました。高校生で成績のよいおとなしい少年でした。理由はご両親にもよくわからなかったということですが、悲しいことです。まさに火宅無常です。起こりそうもないことが実際に起こる世界の中にわれわれはいるのです。われわれの世界はけっしてたかをくくることのできない世界です。

そういう不安な世界の中に安らかに生きていける根拠を発見する。人間の意味づけがどれだけ壊れたってかまわない、たのもしい意味とは何か。それは如来から回向された念仏というもの以外にはないのです。曇鸞の『讃阿弥陀仏偈』について作られた親鸞の次の和讃は、そのことを教えているように思われます。

たとひ大千世界に
みてらん火をもすぎゆきて
仏の御名をきくひとは
ながく不退にかなふなり

II　名号の宇宙

——親鸞の念仏とは何か——

人間と言葉

現代における言葉

人間というものと言葉というものがどういうふうな関係にあるか、という問題についてお話したいと思います。そういうテーマを選びましたのには二つの理由があります。ひとつは、現代という社会は言葉というものが非常に乱れている世界だとよく言われます。たとえば若い人たちが恋人と話をする時、たいてい電話で済ますそうです。昔は恋文というものがあったのですが、近ごろはみな電話になり、要件だけ伝えてしまうとそれで済むということになるようです。こういう現象の中にも、現代の人間が言葉というものをどう考えているかということがよく現われているのではないかと思います。つまり、何か目的を達するための手段という具合に言葉を考えるわけです。手紙で長々と書くよりも電話でパッと言う方が簡単に済む。恋愛でもビジネスを済ますように済ましてしまう。

これはほんの一例ですが、要するに言葉というものは、人間生活の目的を果たすための手段にすぎないという考え方が、無意識にいろいろなところへ浸透していっているのが現代社会の傾向のように思います。言葉というものは何かの目的を実現するから意味があるというのではなくて、言葉を言うというそのことにすでに意味があり、価値があるのではないかと思いますが、そういう言葉の自己目的性ということが、現代人にはだんだんわからなくなっているように思うのです。

日本の古い時代に言霊《ことだま》という信仰がありました。万葉の歌人たちは、言葉というものは道具とか死んだ記号ではなく、魂を持っていると考えていました。言葉の中には魂が住んでいるということは、「言《こと》」が実際の「事《こと》」だという意味です。そういう生きた言葉を使うことが、人間にとって大事なことだと古人は考えていたわけです。人間というものの本当に人間らしい生き方は言葉をどう使うかにかかっているという思想があったのです。それが言霊の信仰です。ところが、現代人にとっては、言葉というものはおよそ言霊と反対で、言葉というものは生活の手段にすぎない。目的が終ったらポイと捨てられてしまうものが言葉だという考えが、現代社会では非常に広く浸透しているようです。

ハイデッガーの言語論

現代ドイツの哲学者にマルティン・ハイデッガーという人がいました。この人は言葉というものが人間に対して持っているたいへん大事な意味を真剣に考えた人です。彼は若い時に今世紀の哲学の流れを変えるような、『存在と時間』(Sein und Zeit, 1927)を書き、それによって一躍有名になった人であります。この本の中でハイデッガーは、人間存在というものは「死への存在」だと言いました。人間という存在は、初めから死を含んだ存在だ、ということを非常に綿密に分析したのです。人間は死すべきものだという考えを、おそらくそれまでのどの哲学者よりもはっきりと言った。そして、死というものを平生《へいぜい》から自覚し、死を先駆的に現在に引き受けて生きる、というところに人間というものの真の生き方があることを教えたのです。

しかしこれは若い時の思想で、晩年になりましてからはむしろ言葉の問題に深く突っ込んでいきました。たとえば彼には『言葉への途上』(Unterwegs zur Sprache, 1959)という本があります。「途上」というのは途中という意味ですが、言葉への途上とはどういうことかと申しますと、私どもは毎日毎日言葉を使って生きているわけです。一日たりとも言葉というものから離れることはできません。それにもかかわらず、いったい言葉というものは何か、言葉の本質、言葉の正体というものはまだわれわれ人類にはわかっていないのだ、とハイデッガーは言うのです。われわれはまだ言葉の本質というものを本当は知らないままでいる、知らないで勝手に言葉はこういうものだと思い込みをしてそれを使っているだけだ、ということを言っているのです。人間存在は、今でもまだ言葉の本質へ行く途中にあるので、人間は言葉の本当の正体というものをまだ経験したことはないんだというのが、ハイデッガーの説です。そして、まだわれわれに隠れている言葉の神秘、言葉の謎というものを経験するところに、人間存在の大事な課題があると言っています。とりわけ現代の人間は、言葉というものの本当の姿を見失ってしまった。だから、言葉というものの本当の姿を発見することが、とりもなおさず人間とは何であるかを発見する道になってくる。それがこの宇宙の中に生きている時間、誕生と死との間にはさまれた短いこの地上の生活というものが、そもそも何のためかということを知るただひとつの道だということを力説するわけです。

現代という時代は言葉というものの深い本質が隠れてしまった時代だ、というハイデッガーの見方は正しいと思います。現代のわれわれは、言葉というのは人間が発明した道具だと考えています。何のために発明したかというと、人間同士が社会生活を営み、自分たちの意思をお互いに交換するための伝達手段として言葉というものを作ったのだ、ということになる。言葉というものは、コミュニケーションの道具である。あるいはインフォメーションの道具である。そういう考え方に慣れてしまっているのです。言葉は人間生活のいろいろな目的を実現するための道具にすぎないという考え方が自明のものとして一般化してしまって、そのことを疑いもしないのが現代のわれわれです。

ところが、そういう具合に、人間が機械や道具を使うように言葉も使ったらいいんだという考え方がどんどん進行しますと、どうなるのでしょうか。言葉はついに機械によって運転されるような性質のものになる、というのがハイデッガーの答です。現代という科学技術の世界では、すでにもう言葉が機械によって支配されるようなものになりかけているというのです。ハイデッガーはそれを「言語機械」Sprachmaschine の出現の中に見ています。言語機械は録音機というものとは違うのです。録音機というドイツ語は別にありまして、Sprechmaschine です。録音機というのは、人が話した言葉を再現する機械です。ところが Sprachmaschine というのは、録音機ではなくて、翻訳機とか計算機とかの類を指します。あるいは人工頭脳、ロボットとか、いろいろな機械を人間は作り出したわけです。そういう機械が出てきますと、言葉の種類や言葉の使い方が機械的な機能によって支配されることになります。いったい人間がものを考えたり計算したりすることはすべて、言葉という地盤の中で行なわれますので、そういう機械が成立したということは、言葉の世界そのものが機械によって処理されていく状況が生まれてきたことを意味するのです。

現代の科学技術が言葉の世界を支配するひとつの仕方が、言語機械の出現に見られるのです。そういう機械の出現はたいへん便利なものですから、われわれはついその機械を過信してしまいがちです。その結果、外観は人間がそういう言語機械を駆使しているようですが、実は言葉が機械によって支配されるようになる。ついには人間の本質が機械によって使われるようになってしまう。言語の機械化とはすなわち人間の機械化です。われわれ人間の言葉が人間の心の深みから出た言葉という肉声を失って、たんに機械によって処理された外面的なものに変わってしまう。そこでは機械が言葉を動かす主体になって、人間がそれに使われるということが起こっているのだ、とハイデッガーは言っています。

言語機械というものの出現は、科学技術がわれわれの生活を支配することによってひき起こした言語世界の変質、言語観の変質、言葉に対する人間の考え方の根本的な変化というものを告げる出来事だ、というのがハイデッガーの意見なのです。これは実に人間存在の存亡にかかわる不気味な出来事であるのに、そのことの重大さにまだ多くの人は気づいていない、とハイデッガーは言います。いろいろな言語機械が出てきたことは知っているけれども、それが実は人間の言葉が機械によって支配されるようになったことだということに、まだ本当に現代人は気づいていない。そのことの本当の恐ろしさを充分に人々は考えていないというのです。

要するに、一般に現代社会における非人間化とか、人間関係の機械化、人間疎外とか言われている現象の根本は、結局は言葉が機械に似たものになったということだと彼はみているのです。そして、言葉が機械になっていく、機械的に言葉が考えられていくということの発端は、言葉は人間が使う道具だという言語観の中にある、というのがハイデッガーの理論です。

私が言葉を問題にしますひとつの理由は、ここにあります。現代という時代は何よりも言語の荒廃している時代だと私も思います。そして、それが人間存在の本質の崩壊、人間が自分の存在を見失うという危険の一番の中心にある問題だという点で、ハイデッガーに賛成したいと思います。

南無阿弥陀仏の名号

ところでもうひとつ私がお話したいと思っていますのは、南無阿弥陀仏の名号《みょうごう》の問題です。念仏によって救われることを説く浄土真宗とはいったい何か。私が思いますには、親鸞の浄土真宗とは、「仏が言葉であった」ということの発見ではないかということです。南無阿弥陀仏という名号がすなわち仏であります。人間存在を本当に救うところのものは本当の言葉以外にはない。名前のない仏は私を救うことはできない。名前のない仏を一生懸命考えたり、その仏についていろいろ研究したり分析したり、そんなことで人間は救われない。そうではなく仏の名前を称えることによってはじめて人間は救われる。逆に言いますと、本当のもの、真実あるいは如来とは、言葉になってわれわれに現われるものである。浄土真宗の本質にそういう思想があると思います。念仏によって救われるという時、その念仏とは実は、言葉になった仏にほかならないのです。われわれを救うものは本当の言葉なんだ、と思うのです。私の専門は真宗学ではありませんが、真宗学の論文などを読みましても、南無阿弥陀仏が人間を救うとはどういうことか、称名念仏によって救われるとはどういうことかということをはっきりさせた方はおられないように思います。これは必ずしも私だけが思っているのではなく、たとえば鈴木大拙さんも昭和十七年の『浄土系思想論』の中でやはりそういうことを指摘しております。

「名号の問題は浄土教学における根本問題の一つである。ある意味からすれば、唯一の根本問題ともいえる。何故かというに、この名号が会得せられると、それが直ちに信であり、一心であり、本願であり、浄土往生であり、還相回向であるからである。真宗教学の全機構は名号の上に築かれるといってよい」。鈴木大拙はこのように書いています。

それからまた、『無量寿経』の第十七願にいう、弥陀の名号が十方世界における無量の諸仏によって咨嗟《ししゃ》されるというのはどういう意味かを問うて、こう言っています。「余の知っている限りでは名号の論理を解明せられた学者はいないのである。これが不思議なのである」。

これはどういうことかと申しますと、名号の概念的な説明はこれまで多くの宗学者たちがやって来ています。むしろ真宗教学の中にその種類の研究はたくさんあり過ぎると言ってもよいでしょう。けれども、名号という概念を分析するのではなくて、名号そのものを言葉として経験して、名号そのものの内部へ入っていくような研究はこれまでのところ少ない。仏がその名によって衆生を救うというのは何を意味しているのか、どうして名前というものにそういう不思議な力があるのかをあまり問題にしていない。その点を鈴木大拙は指摘したのではないかと思います。

そこで私は、南無阿弥陀仏とは何かということを考えてみたいのです。そのためには、そもそも言葉というものは何かということをはっきりさせなくてはなりません。言葉というものが人間の社会生活の手段だと考えているかぎりは、言葉が人間存在の最後の救いだというようなことは信じられないのではないでしょうか。だから既成の言語観、言葉について一般に通用している考え方を根本的に解体してみなければ、名号が人間を救うという浄土教の真理はわからないように思います。

浄土真宗のお説教では、しばしば「名号のおいわれを聞く」というような言い方がされます。「おいわれ」ということは意味ということですから、やはりひとつの概念でしょう。しかし名号の「おいわれ」という表現はお経にも、親鸞聖人の和讃などにも見られません。「聞其名号」とか、「仏のみ名を聞く」という表現はあります。しかし名号の意味を聞いたぐらいでは人間は救われないでしょう。意味というのは、すでに固定され、死んだ言葉ですから、そんな概念によって人間は救われないのです。概念ではなくて、生きた言葉に出遇《であ》うことがなくてはなりません。仏を信じるとは、名号という生きた言葉を信じることだと思います。

たとひ大千世界に
みてらん火をもすぎゆきて
仏の御名《みな》をきくひとは
ながく不退にかなふなり

これは『浄土和讃』の一首です。この大千世界中が火の海に包まれるようなことがあっても、その大火の中を越えて行って、そうして仏の名を聞く、南無阿弥陀仏の名号を聞く人は必ず往生して仏になると言われています。それから蓮如上人の『御文章《ごぶんしょう》』にも、信心というのは「南無阿弥陀仏のすがたをこころうる」ことだ、と説かれています。この場合の「すがた」というのは、やはり生きた言葉のことであります。概念とか「おいわれ」というようなものではありません。

このようにテキストを注意してみますならば、「名号のおいわれを聞く」という言い方はやっぱり近代人の既成の言語観ではないかということになります。つまり、言葉というものは、実際の事柄を指し示すだけの符号だという考え方に立っていると思います。しかしこれは、日常生活における言語の考え方をそのまま宗教の領域にまで持ってきているのであって、それだとやっぱり本当に仏の名号を聞く、それを称えるということの深い意味が隠れてしまうのではないか、と私は思うのです。

日常生活の言葉

それでは、言葉というものをいったいどういうものと考えたらいいか、という問題になってきます。私の考えでは、言葉というものは、少なくとも三つの層、三つの次元を持っていると思います。第一は日常語の層であります。日常用語の世界では、言葉というものは何かある目的のための手段になっています。たとえば、花屋さんへ行って「この花をください」と言うとします。「この花をください」という言葉が店員さんに理解されますと、店員さんは私にその花をくれるわけです。そうしますと「この花をください」と言った私の言葉はもうお払い箱になります。もう消えてしまうのです。死んでしまうと言ってもいい。日常生活の言葉は、早く死ねば早く死ぬほどいいわけです。花という言葉が死ぬことによってその花が手に入るのですから。それに対して、もし死なない場合はどういうことになるかというと、その言葉が理解されなかったのですから、何遍も「この花をください」と言わなければならない。つまり「この花をください」という言葉が生きている間は、花は手に入らない。何回でもそれをくり返して言わなければならないのです。

そういうわけで、言葉が理解されたらその言葉はもう消えてしまうというのが日常用語の性質なのです。日常用語というのは、生まれたかと思ったらすぐに死んでしまうという宿命を持っているのです。言葉がそのつど、実用的な行為の中へ、目的の中へ消えてしまうのが、平生の日常生活の中で私たちが使っている言葉のあり方です。そういう実用語の世界では、たしかに言葉というものは手段になっているのです。人間がお互いの意思を交換するための手段だと言えるのです。だから言葉の本質は道具だというわれわれが慣れている言語観は、実は日常用語というものだけに当てはまるのです。しかしあらゆる言葉が道具だというわけにはいかないのです。

ところが、そういう日常生活の中で使われているような言葉のあり方が、すなわち言葉の本質だという言語観が成立しているのはなぜでしょうか。それは、人間生活の意味は実生活にあるという実用主義的な人間観が、現代を支配しているからにほかなりません。社会的動物としてこの地上に生存していく、社会生活をできるだけ快適に有効にしていくのが、人間存在の目的だという考え方、今日ではこれが一番わかりやすい人間観であって、現代人はみなこれを持っていると思います。この人生というものは、自分たちの抱いているいろいろな願望を満足させるところだ、五十年、百年の人生というものは、要するにいろいろな欲望を満足させる場所だ、それが人間生活、人間存在というものの意味のすべてなんだという考え方です。この人間観が、言語というものは人間生活の手段だという言語観と根本で結びついているのです。

ですから、人間というものをどう考えるか、われわれは何のためにこの人生というところにやってきたのかという問題は、言葉というものをどういうものと考えるかという問題と別のものではありません。ハイデッガーが言葉を守ることこそ人間存在を守ることだと言うのは、ここに理由があるわけです。本当の言葉のあり方を発見することが、そのまま人間とは何かを発見することになると思うのです。

日常生活の中では、人間存在の根源的な意味というのはもちろん現われて来ません。それは、言葉というものの本当の姿がそこでは理解されないからです。日常生活というものは、あちこちで言葉が生まれては死に、死んでは生まれている世界だと言ってよいと思います。あちらでオギャーと言葉が生まれたかと思ったら、すぐそれは死ぬ。そして早く死ねば死ぬほど、その言葉は実用的な有効性を持つわけです。そういう世界では、言葉が生まれて育つことがないのです。育ち、成熟し、完成することがない。言葉が流産し早産するだけです。言葉の流産、流産とまではいかないでしょうが、いったん生まれて死ぬわけですから、生まれた時に死ぬということが起こる。日常生活とは言葉の死産が起こっている世界のことです。『歎異抄』の中に有名な一節があります。これは唯円が親鸞から直接聞いたと思われる言葉です。

煩悩具足の凡夫、火宅《かたく》無常の世界は、よろづのことみなもてそらごとたはごと、まことあることなきに、ただ念仏のみぞまことにておはしますとこそ、おほせはさふらひしか。

「煩悩具足の凡夫」というのはわれわれ人間の現実です。罪悪によって苦しみ悩み、そういう苦悩からどうしても自分を解き放つことができない。死ぬまで煩悩の中で悩み苦しまざるを得ないのがわれわれです。それから「火宅無常の世界」。「火宅」というのは火災で焼けつつある家ということですが、そんな火災の家の中に住んでいながら、そのことを知らないわれわれの姿です。それから「無常の世界」。私の命は明日をも知れない。明日のことがわからないはかない生死の世界がわれわれの世界です。そういう人間の世界では、あらゆることが「そらごとたはごと」であると親鸞は言っています。「そらごとたはごと」という時の「こと」という字には、言葉という意味と事という意味があります。「そらごと」というのは空っぽの言葉、ウソの言葉です。「たはごと」というのはたわいない言葉で、本音と建前が違う、本音というのを宿していないような言葉です。そして同時に、虚しくウソの事柄ということです。人間世界はそういうウソばかりでまことがない。「まこと」という場合もやはり真実の事という意味と同時に、真実の言葉という意味があります。言葉が事柄そのものを本当に言い表わしている場合が、ここで言われる「まこと」ということでありましょう。われわれの日常生活の中では、言葉の早産、死産、流産が起こっています。言葉が生まれて育ち、完成し持続する、永遠に持続するということがないのです。

しかしそういう世界にわれわれは住んでいるのだということを親鸞が言い得たのは、彼が本当の言葉というものに出遇ったからです。念仏のまことというものは、われわれが普段そう思い込んでいるような言葉でなく本当の言葉です。本当の言葉とは何か。「おまえを必ず救う」という仏の言葉です。仏さまが「おまえを必ず救う」と言ったら必ず救うのであって、その場限りの言い逃れでも何でもない。人間はしばしば言い逃れをいたします。私にまかせてくださいと言っても実際は約束を守らないこともあります。あの時はそのつもりでいたけれども、実は事情が変わったという具合になると、言葉がそらごとになるのです。たとえ最初から裏切るつもりでなくても、何かの事情が起こりますと、その約束を果たせないことになります。たとえば、誰かと「京都駅で三時に会いましょう」と約束したとします。最初は行くつもりだったのですが、途中で交通渋滞で遅れてしまったら、「三時に必ず会いましょう」と言ったことは、そらごとたわごとになってしまうのです。われわれが住む世界というのはそういう性質の世界なんだということを親鸞は言っているのだと思います。

けれども、仏が「おまえを救う」と言ったら必ず救う。本願の名号を信じ、称える者は必ず仏にするという阿弥陀仏の誓願はウソではない。そういう真実の言葉というものに私は不思議にも出遇うことができた。そこから振り返ってみると、なんとわれわれの世界はウソばかりの言葉、虚しい言葉でいっぱいになっていることかと、親鸞は悲しんでいるのです。

しかもそういう日常生活の次元での言語が実は言語のすべてだという考え方が、われわれ現代人を無意識に支配しているようです。これは日本人だけでなく、今日、地球上の人がほとんどそう思っています。地球という惑星の上をくまなく支配しているこの考え方が不気味なんだ、ということをハイデッガーは警告するのです。人類はおそらく、科学技術による生活をもはや止めることはできないでしょう。そして、科学技術による言語の支配という傾向はどんどん進んで行きます。人間が人間であることを喪失していく危険がどこまで伸びていくかわからないのです。というのは、われわれは無意識的に言語をそういう具合に考えているからです。たとえば、最初に申しましたような、恋人同士が手紙を書かずに、電話で簡略に要件を済ませるという場合です。もちろん電話をかけている若者同士は、別に言語機械というようなことは意識していないでしょう。けれども、かれらの行動を言語機械というものがひそかに規定しているのです。だから、それが恐ろしく不気味なのです。

しかし、そういう日常語の現状がけっして言語の本当の姿ではないということを言う人が、たとえばハイデッガーのような人がまだこの世界にいるわけですから、われわれはそういう人の提言に耳を傾けなくてはなりません。われわれは、言語というもののもっと深いあり方を思い起こし、それを発見しなければならない。言語の深い層を発見するということがとりもなおさず、人間の生き方の深さというものを求めることだと思うのです。

学問的認識の言葉

日常語に対して第二に概念語の世界があります。ロゴスというギリシャ語で呼ばれてきた言葉の次元がそれです。ロゴスというギリシャ語には、一方で言葉という意味、もう一方では理性という意味があります。このロゴスとしての言語は日常語ではないのです。日常語というのは実生活の手段です。つまり、人間がただこの世を生きていく生物として、あるいは社会的動物として社会や歴史を作る存在として生きていくための便宜上の手段です。そういう社会生活とは、実は人間が個人的にも集団的にも自分たちの欲望を満足させる生活のことです。なかには食うために生きていると考える人もいる。この世にうまいものがなくなったらもう生き甲斐がないと考えている人もいるでしょう。何か面白い仕事がないと生きている甲斐がないという人もいるでしょう。その他いろいろ自分なりの目的というものを立てて、その目的の実現に向かって人生というものを方向づけていく、これが日常生活です。

しかし、ロゴスの世界というのはそれとは次元が異なります。それは、この世界の本当の姿というものを知りたいという人間の欲求がはじめて開く世界です。つまり学問的認識というものの世界がロゴスという世界に出てくるわけです。これはギリシャではプラトン、アリストテレス、そういう人々が開いた学問的認識の世界です。それを言葉としてとらえますと、ロゴス、概念語の世界です。そういう学問的言語というものはけっして実生活の手段ではないのです。人間の快楽を満足させるための、あるいは何か欲しいものを手に入れるための手段としての言葉ではなくて、世界のあるがままの姿を知るための言葉です。ものの概念をとらえるということは、ものの本質をとらえるということで、それが学問的研究のあり方です。

だから概念語としての言葉は、ものを外から指し示す記号ではないわけです。日常語というのは記号に近いのであります。たとえば「この花をください」という時の「この花」という言葉は、実際の花そのものではなく、実際の花を外から指し示している記号にすぎない。「この花」という言葉の中には実物の花は入っていないのです。これが、日常用語の特徴であります。日常用語では、言葉とものが別々になっている。いわばビール瓶の外に貼ってあるラベルみたいなものです。キリンビールとかアサヒビールとか書いてあるそのラベルに当たるものが日常の言葉で、実物はそれと別に瓶の中にある。あるいはメニューのようなものです。料理というものを外から指し示すだけの卓上のメニューに当たるのが日常用語です。

ところが、概念語はそうではなくて、ものの内部に入って、ものの本質というものを表現しようとする言葉です。そこでは、言語の厳密さが大事な問題になります。哲学においても、あるいはいろいろな学問においても学術語というものが使われますが、それは日常語の持っている不明瞭な多義性を克服して、ものを一義的に言い表わそうとします。正確に言い表わすというのは、ものの中に入ってそのものの本質をとらえようとすることであり、それが学問の言語の性質です。だから、学問というものは、事柄の本質と人間との対話であるとも言えます。学問は、人間同士が交渉する仕事ではなくて、人間が自然や宇宙と交渉する仕事であります。

日常生活は人間と人間との間の関係でありますから、そこでは人間は人間同士の言葉を聞く。しかるに学問の世界というものは、人間がものの本質の言葉を聞くという世界、自然の言葉を聞く世界です。そこにいわゆる学問の客観性、学問が日常生活と違う性質が明らかに出て来るわけです。学問は、実生活における言葉、実際行動の手段としての言葉が無効になるような世界です。

このような概念語、ロゴスの伝統が、ヨーロッパでは学問の基礎をずっと流れてきました。それはギリシャから始まり、近代になりヘーゲルという十九世紀のドイツの哲学者によって完成した伝統です。彼が概念（Begriff）と呼んだ立場は、そういうロゴスの思想の完成、ロゴスとしての言語の完成なのです。

ヘーゲルは、概念という言葉に絶対的な意味を与えた人です。哲学の立場は概念の立場、概念的認識の立場であることを、ヘーゲルは明確に主張したのです。普通には概念と言いますと、それはたんなる概念であって実物ではないという具合に言いますが、ヘーゲルの言う概念というのは、現実のもの、実物のことなのです。あらゆるものは判断であり、あらゆるものは概念だという言い方をしています。つまり、人間の言葉に絶対者をとらえる次元があるという考えを、この概念という言葉の中に込めたわけです。ヘーゲルによりますと、哲学というものは、知覚ではなく概念をもってする絶対者の認識という仕事です。概念は、絶対者をとらえる理性の言語にほかならないというのです。

日本の社会とヨーロッパの社会との違いはいろんなところに見られますが、やはり学問というものが日本の社会よりもはるかに重要に、大事に考えられているということがヨーロッパ社会のひとつの特徴です。これは現代でもそうだと思います。ヨーロッパでは、大学の建物がコンクリートでできているところはあまり見たことがありません。大理石でできているのが普通のようです。大学は五年や十年単位の実用的な目的を念頭において作られた機関ではないという思想がはっきりしています。ドイツの十九世紀の有名な哲学者フィヒテは『大学論』を書いています。大学というものが他のいろいろな制度や施設と違う点はどこかというと、他の施設は時間の世界しか持っていないけれども、ユニバーシティの背後には永遠がある。永遠というものを背後に持たないものは大学ではない、とフィヒテは言っています。

戦後の日本ではアメリカの影響が強くて、大学は社会に向かって開かれなくてはならない、象牙の塔に閉じ込もってはいけない、社会の要求や社会の需要に応えないものはダメだという考えが主流になっています。たしかに大学が閉鎖的になるということはいけないことで、象牙の塔なんてことはいけないのです。けれども、たんに社会のその場かぎりの要求に応えるだけだったらそれは大学ではない。銀行や会社はそうかもしれないが、大学は社会の一時的要求に応えるだけではダメでしょう。

大学は社会の方に開かれていると同時に、フィヒテの言葉では「永遠というもの」、真理に向かって開かれなくてはならないと思います。大学の眼は、一方では社会を見ながら、もう一方の眼では永遠を見ていなくてはならないと私は思います。これは必ずしも古典的な大学観だと言えないと思うのです。こういう考えが直ちに象牙の塔的な大学観に結びつくとは思いません。実際、フィヒテほど社会に開かれていた人はいませんでした。たとえば『ドイツ国民に告ぐ』という講演をしたように、彼は高い理念を現実的な実践と結びつけようとしたのであります。ナポレオンとの戦争の特志看護婦になっていた奥さんの看病をして、こんどは自分がそのチフスにかかって死んでしまうというような劇的な生涯をおくった人です。そういう実践的であり、行動家であったフィヒテが、大学は永遠というものに向かって開かれていなくてはならない、と言っているのです。これは、やはり学問というものが実生活とは違う次元のものだと言っているのです。そういうことを考えますと、このロゴスの世界の重要さというものが、経済優先のわれわれの社会の中には、今日といえどもまだ定着していないのではないかと思われます。経済大国日本は学問の大事さを本気に考えているかどうか、たいへん疑問に思うのです。

そういうわけで、理性的言語、ロゴスというものはヘーゲルの言う概念の立場において完成しまして、そこに日常語とまったく違う言語の世界が構築されたわけです。これが言語世界の第二の次元であります。

宗教的言語

しかしながら、言語の世界というのはこの二つの次元では終らないのであって、日常語とも学問的用語とも違う、第三の言語の次元があるのです。それは宗教的言語の次元です。宗教的言語と申しますと、宗教というものの概念規定がはっきりしませんから、お経の中に書いてある言葉とか、聖書の中の言葉とかという具合に思われるかもしれません。そうではなくて、ここで宗教的言語と言いますのは、ものと一体であるような言葉のことです。日常用語はものを外から指し示すだけの記号であり、概念語はものの本質を言い表わす言葉だったわけです。これらの場合では、ものとそれを示す言葉とがまだ完全に一体だとは言えないのです。ところがものが言葉であり、言葉がものだという言語のあり方があります。それを宗教的言語と呼びたいと思っています。言語というものは一番深いところではそういうあり方をするわけです。

われわれの人生の表層のところ、つまり日常生活という名で呼ばれるような言葉の次元においては、言葉はものそのものを言い表わしていません。ものと言葉は別々になっています。先ほどの『歎異抄』の言葉にあるように、「そらごとたはごと」でわれわれは満足しているのです。けれども、それよりもっと深い生があります。学問の世界というのは、日常生活のもうひとつ深み、にある言葉でできている世界です。政治家が学者になれない、学者が政治家になれないというのはそのためであります。政治というのはどこまでも人間の実生活の問題です。実生活をいかにうまく処理するかということが政治の営みのすべてでありますから、政治家というのは日常言語というのをうまく駆使できなければダメなのです。しかし学問というものはそうではなく、その日常生活のもうひとつ底へ降りる営みです。だから、日常用語よりももうひとつ深いところに学問の言葉がある。けれども、学問の言葉でもって言語の宇宙というものが全部尽きるのではないのです。もうひとつ底がある。世界にはもっと深みがある。それが宗教の世界であります。

そういうわれわれの世界の一番深いところはどうなっているかと申しますと、言葉がものであり、ものが言葉であり、ものと言葉が一体であって分かれていないのです。宇宙の一番の深みは、言葉とものが一体のところです。そこへ降りていく人間の営みを「宗教」と呼ぶわけです。本当の宗教というのはみなそこへ降りていきます。お金が儲かりますようにとか、病気が治りますようにというのは、真の宗教ではありません。それは日常生活の欲望です。本当の宗教というものは、世界の深みへ降りて行こうとします。なぜその世界の深みへ降りて行かなくてはならないかと申しますと、人間というものは本来その深みの方から引かれるものだからです。いくら日常の世界だけに留まろうと思っても、それは不可能です。世界の深みが、人間というものをたえず、深みの方向へ引っぱろうとするわけです。

たとえば、この間キューリー夫人の一生を描いた映画をやっておりました。キューリー夫人は、ラジウムを発見したポーランドの化学者ですが、それを発見するまでのいろいろな苦労を描いております。何十トンというような鉱石の中からほんのわずかなラジウムを検出するために、何年もの時間をかける。しかも、女性にとってはたいへんな肉体労働に耐えてその作業をやる。実験がなかなか思うようにいかない。もしかしたらラジウムを見つけることができず、この長い苦労は報われないかもしれないが、それでも自分はやらなくてはならないと思う。虚しい努力に終ってもその探究をやめることはできないという激しい真理への愛、学問的精神です。真理をとらえそこなうかもしれないけれども、その努力をやめるわけにはいかないというのが、すべての真の学者の道だと思います。ところが、彼女は突然主人の死に出会ったのです。その衝撃と悲しみによって打ち倒され、彼女はしばらく立ち上がることができない。学問研究の上に横たわる困難なら、どんな困難でも越えていくという強い意志を持っている彼女が、ご主人の突然の死によって抜け殻のようになってしまったのです。

これは何を意味しているかというと、彼女が学問的世界よりももっと深い世界の深みに足をとられ、そこへ引きずり込まれたということです。それは、いわゆる実存的経験というものです。人間は自分の愛するものの死に出会ってそういう深みの経験をせざるを得ない。そういう経験というものは、もはや日常の言語によってはとらえきれない言語の世界です。学問の言語によってもとらえきれない世界の経験です。日常の言葉とか学問の言葉というものはこれに比べるとまだ世界の表面との関わりです。世界の一番の深みから人間に現われてくる出来事というものには、人間はもはやそういう日常語やロゴスをもって対応することができないのです。

しかしこれは、ひとりキューリー夫人だけの個人的な問題ではありません。死とか愛とかいう問題はすべての人間に通ずる普遍的な問題です。お釈迦さまが言ったように生老病死という四つの苦しみが、人間の根本の問題であります。生の内容は愛憎と言ったらいいでしょうか。人間存在は生老病死の四つの根本苦をどうしても避けることはできない、というのがお釈迦さまの洞察でありました。四つの苦しみが、われわれの世界の根本構造として、人間の可能性として、世界に含まれているというのです。世界の一番の深みのことを、お釈迦さまは生老病死の苦と表現したわけです。人間というものは、どうしても生の表面だけに留まれないのです。世界の深みに引きずり込まれる。

そういう深みに今まで述べた言葉とは違う第三の言語の次元が出てきます。それが宗教的言語であります。かつて私はそれを詩的言語と呼んだことがあるのですが、詩的言語と言いますと誤解を受けやすくて、文学のことのように解釈される危険があります。しかしここで詩と申しますのは特別の意味で言うわけです。結論だけを申しますと、言葉とそれが表現する事柄とが一つである場合のことを詩と呼びたいのです。言葉が実際のものそのものであるような言葉になっている言葉のあり方、それを詩と言う。けっして空想とか夢物語という意味ではないのです。むしろ夢物語の反対こそ詩の世界なのです。

日常用語は、実際のものそのものを言い表わしてはいません。食事のメニューのようなものです。だから日常生活では、言葉がすなわちそれが言い表わす事柄だと言うわけにはまいりません。それが、親鸞が言った「そらごとたはごと」、空っぽの言葉という意味です。これに対して概念語は、事物の本質と一つであるような言葉です。ものの本質と一つである言葉、ものの本質を宿しているようなそういう言葉が学問の言葉です。それに対して第三の次元である詩的言語というものは、ものの本質ではなくて、ものの現実存在、ものそれ自体を宿している言葉です。詩的言語においては、ものが言葉であり、言葉がものであるわけです。ここに詩というものが日常生活とも学問ともまったく違う独特の世界だということがあるのです。

そういう詩の性質を一番はっきり分析したのがハイデッガーです。ハイデッガーは、言葉というものの一番本来の姿はどこに現われているかというと、優れた詩人の言葉の中に現われていると言っています。本当の詩人は、言葉がすなわち事柄であるような世界を経験しているのであって、そういう詩人の言葉の中に言葉本来の本質が現われているというのが、ハイデッガーの考え方です。実は私は南無阿弥陀仏の名号というものを、そういう詩的言語に似たものとして理解できるのではないかと思うのです。

その名号のお話をする前にひとつ紹介しておきたい文章があります。それは日常生活の言葉と詩の言葉とはどういう具合に違うかということを説いた、スイスの著作家マックス・ピカートという人の言葉であります。

日常の言葉においては、人間は自分が人間や物について語る言葉を聞いている。ところが、詩においては、人間は物が物自身について語る言葉を聞いている。

実生活においては、人間が人間について語っている自分の言葉を聞いている。日常生活というのは、人間の言葉しかない世界ですね。ところが詩の世界では、もの自身がもの自身について語る。つまり、太陽や月や花や鳥が自分たちのことを語っているところの言葉を聞くんだと言うのです。これは詩というものに対してわれわれが抱いている普通の先入観や独断をひっくり返すような新鮮な洞察だと思います。詩というものの本来の姿を見事にとらえた言葉だと思います。詩人というものは、人間の言葉を聞かないのです。ものの言葉を聞くのです。小説家は人間と話をします。私は小説家と詩人の違いは、小説家は人間と話をするけれども、詩人は神々と話をするというところにあると思います。神々というのはもののことです。この世界のありとあらゆるもの、太陽や月と話をし、山川草木と話をし、風や嵐と話をする。それが詩人というものです。

たとえば芭蕉の俳句を見ましたら、芭蕉がそういう森羅万象と話をしていることがわかるでしょう。もの自身が語る言葉がそこに出現しているわけです。

六月や峰に雲置く嵐山

という芭蕉の俳句があります。この「六月」という言葉は実際の六月を宿しています。この「六月」という言葉はけっして概念ではなくて、六月という実物をその中に宿している言葉です。「峰に雲置く」というその「峰」という言葉も、「雲」という言葉も、やはり概念ではなくて、実際の峰を宿し、実際の雲を宿している。「嵐山」という言葉も、京都の観光案内のパンフレットに出てくる嵐山という記号ではなくて実際の嵐山を宿している。つまり言葉がすなわち事柄であるという言葉の根源的な世界を見事に芭蕉の俳句は証明しているわけです。だから芭蕉のこの句を見ますと、われわれはそこにはじめて嵐山というものに出会うし、六月に出会い、雲に出会い、峰というものに出会う。この俳句はわれわれに向かって、あなた方は平生、嵐山、嵐山と言っているけれども、まだ本当に嵐山の実相を見たことがない、ここにこそ嵐山というものの本当の姿があるんだ、嵐山とはこういうものなんだ、ということをこの芭蕉の俳句は教えているのです。「六月」ということについても同じことです。暦の上に書いてある六月という文字の中ではなくて、この詩の中にこそ本当の六月があるんだということをわれわれはこの芭蕉の俳句から教えられるのであります。

これが、詩人というものは人間の言葉を聞いているのではなく、もの自身の言葉を聞いているということの意味です。もちろんすべての詩人や俳人がそんな言葉を作り得ているかどうかは別の問題です。しかし本当に優れた詩人というものはそういう言葉を経験しているのだと思います。われわれの世界の一番の深みを言葉によって経験しているのです。われわれの世界の表面にある日常生活では、言葉とものとは分かれておりますけれども、世界の一番の深みにおいては、言葉とものは一つになっているのです。世界の一番の根底は、言葉が事柄であり、事柄が言葉であるという場所です。南無阿弥陀仏の名号というのは、実にそういう世界の深い底から出てくるのです。はかり知れない世界の深みから出てくるのです。

法蔵菩薩の誓願

『無量寿経』の中に阿弥陀仏、つまり法蔵《ほうぞう》菩薩の第十七願があります。

たといわれ仏を得んに、十方世界の無量の諸仏、ことごとく咨嗟《ししゃ》してわが名を称せずんば、

正覚を取らじ。

これはどういう意味かと申しますと、私が阿弥陀仏になった時に、十方世界のたくさんの仏たちがことごとく阿弥陀仏の名前をほめたたえなかったら自分は阿弥陀仏にならない、という意味です。しかしこれはどういうことでしょうか。自分が阿弥陀仏になった時に、その私の名前を十

方世界の諸仏がみなほめたたえるということがなかったら、自分は仏にならないという。自分が有名にならなかったらいやなんだというようなこととは違うのです。そうではなくて、阿弥陀仏が阿弥陀仏になるためには、根源的な言葉が成就しなくてはならないということを言っているのです。宇宙の中のありとあらゆる仏たちがひとしく称えるような、そういう言葉が出現しなかったら、それを生むことができなかったら自分は仏にならないという誓いです。これはつまり、およそ世界というものが完成するのは、本当の言葉が完成した時だということであります。真理というものは、実は言葉の真理にほかならない、という意味です。阿弥陀仏の勝利はとりもなおさず、言葉の勝利であるということを言っている。これは実に、われわれの世界の一番の深層にある出来事を表現したものです。

第十七願はけっしてお伽噺を言っているのではありません。阿弥陀仏の誓願を遠い昔の物語とかお伽噺と考えるかぎり、浄土真宗を根本的に誤解することになると思います。昔、法蔵菩薩がいて、それが四十八の願いを立てたことがあった。もしそれだけなら、それは私となんら関係がない。『無量寿経』はそんなお伽噺を説いているのではなくて、われわれのこの現存在の深みにおいて今も起こっている事柄、現に今われわれが生きているこの世界の一番の根底にある出来事を説いているわけです。人間と世界が支えられるのは、実に真実の言葉によってだということを教えているのだと思います。

真実の言葉とは、言葉が中味を持っているような言葉です。弥陀の名号はそういう言葉です。

仏たちがこぞってほめたたえるような言葉、弥陀の名号、それがないと世界は完成しないということです。法蔵菩薩が仏になるということは、世界が完成するということです。阿弥陀仏が阿弥陀仏になるとはどういうことか。世界があらゆる苦しみのない完全な世界となること、世界が完成するということでしょう。そしてそういう世界が完成する条件は、ほかでもない、真実の言葉が成就することだというのが、第十七願の真意だと思います。言葉というものによる如来の勝利を述べているのです。

それから第十八願は次のようになっています。

たといわれ仏を得んに、十方の衆生、至心《ししん》に信楽《しんぎょう》してわが国に生まれんと欲《おも》い、乃至十念せん。若し生まれずんば、正覚を取らじ。

これは十方の諸仏がことごとくほめたたえるような南無阿弥陀仏という名号を、こんどは十方の衆生たちがひとしく称え、そしてそれによって極楽に生まれるということがなかったならば、自分は仏にならない、ということが言われています。真実の言葉が世界中のありとあらゆるものによって、つまり仏たちと十方の衆生との両方によって、称えられるということがなかったら、世界は完成しないという意味であります。そういう言葉を、宇宙の中のありとあらゆるものが称えるということが、世界の完成の根本条件だと述べているのです。われわれの世界の完成の根本条件の表現が『無量寿経』の第十八願です。

そして『無量寿経』の本願成就の文は次のとおりです。

あらゆる衆生、その名号を聞きて、信心歓喜せんこと、乃至一念せん。至心に回向せしめたまえり。彼の国に生まれんと願ずれば、すなわち往生を得て不退転に住せん。

これは、十方の諸仏がひとしく称える弥陀の名号を衆生が称えることが衆生の救いとなる。そしてその名号はすでに成就した。つまり、世界の完成はすでに成就している。衆生の救いは決定したということを説いているわけです。全世界は南無阿弥陀仏によって支えられている、真実の言葉によって、存在の全体はすでにたのもしく支えられていることを言っているのです。

ハイデッガーが言っているように、言葉と人間との本当の関係を理解するにいたる途中にわれわれはいるのでありましょう。人類が出現して以来何十万年という長い時間が経ちましたが、人類は自分たちが語っている言葉の本当の正体をまだ経験していない。今日においても人間にとって言葉は、深い謎であります。そうしますと『無量寿経』の第十七願、第十八願は、そういう言葉や人間存在というものの秘密を語っているのだということがうなずけます。浄土教をそういう言語の問題としてもっと解明する必要があるように思います。

真実の言葉を発見した親鸞

親鸞聖人は『一念多念文意』や『唯信鈔文意』の中で、「法性法身《ほっしょうほっしん》」という如来、色も形もなく、人間の言葉も思いもとどかない如来が、言葉となって人間に呼びかける姿が名号であると言っています。法性法身という如来は、そういう無相のままに留まっていることができずに人間に現われるのです。それが「方便法身《ほうべんほっしん》」という南無阿弥陀仏であります。法性法身という如来は自らを否定して言葉にならざるを得ないのです。しかしなぜ、言葉も形もない仏が言葉になるのか。『教行信証』の中で親鸞はそれを「仏意量り難し」と書いていますけれども、それは実に仏の悲しみのなせるわざであります。真実の言葉、真実というものに出遇うことができず、「そらごとたはごと」の中をどうしても出ることができないでいる衆生を見捨てることができない。そういう衆生を救うためには、自分が自ら言葉になって人間を呼ぶほかはない。真実の言葉にならなくてはならないと仏は思った。その衆生に対する底知れない仏の悲しみと申しますか、大悲というものが、世界にはじめて言葉を生むわけです。仏自らがそれであるような言葉を生むのです。南無阿弥陀仏という名号は、仏が自分自身を与えた姿です。自分の持っているお金を与えるとか、自分の持っている才能を与えるとか、そんな一部を与えたんじゃなくて、仏は自分の全部丸ごとを与えた。だから、南無阿弥陀仏以外に仏はない。南無阿弥陀仏のうしろに仏がいるのではなくて、南無阿弥陀仏という言葉が仏そのものです。そのことを経験し、そのことを信じることが浄土真宗の信心にほかなりません。

先に紹介しました『歎異抄』の文章はこのことを語っていると思います。この世はすべてそらごとたわごとであって、自分も他人もまことがない。われわれは実に虚しい言葉、事柄と実物が別であって、本音と建前が別であるような言葉の中に取り巻かれて生きています。言葉というものに対する真実でない人間の関わりから、われわれはどうしても抜け出ることができない。だから、人間の世界のことはことごとく虚しいと言うわけです。真実の言葉がないから虚しいわけです。それが煩悩具足の凡夫、火宅無常の世界ということです。だから、人間世界というものは絶望的な世界だと言わざるを得ません。昔も今もわれわれの世界には救いがない。お先真っ暗なのが、人間世界の実相です。

しかし、そういう絶望的な人間世界の真っただ中に親鸞は、同時に真実の言葉を発見したのです。それが念仏のまことと言われるものです。人間生活というのは言葉の死骸に取り巻かれている。生まれたらすぐ死んでしまって育つことがない、そういう言葉の死骸に取り巻かれています。けれども同時によく思いをひそめると、そういう累々たる言葉の死骸をものともせず越えて、われわれに自分を与えてくるところの言葉、仏の言葉があったと親鸞は言うのです。「おまえを必ず救う」と私を呼んでいる南無阿弥陀仏の名号がある。その名号があるかぎりわれわれの現実がどんなに絶望的であろうとも、われわれは生きていくことができるんだと、親鸞は『歎異抄』の中で言っているように思います。

現代世界の人間の根本問題は、そういう真実の言葉の再発見の問題ではないかと思います。われわれを真に生かすところのものは、真実の言葉にほかならないということを思い起こすことにあると思います。そのことを経験し、それを人々に伝えるには、言葉に対する生き生きとした感受性をもう一度取り戻さなくてはなりません。仏教を語る人が何よりもそういう生きた言語感覚を持たなくてはならないのです。私はいつも思うのですが、浄土教の七高僧という人々はみな、自分の言葉で先輩の言葉を受け取った人々です。たとえば『浄土論』を書いた天親《てんじん》の思想を曇鸞《どんらん》が『浄土論註』で解釈したのですが、その時に曇鸞は自分自身の言葉を使っています。天親が使っていない「他力」という言葉を如来の本願力を言い表わすために曇鸞は使いました。これは明らかに真理というものを生きた言葉で語ろうとしたのです。昔言った人の言葉をそのまま受け売りするのではなくて、その言葉で言われている事柄を生き生きと経験し、それを新しく言い直すという仕事をした。新しい言葉で言わないと真理というものは伝わらないということです。真理を伝えるものは実に新しい言葉です。生きた言葉こそ真理を運ぶものだと私は思います。

そうしますと、南無阿弥陀仏は真実の言葉だと言っても、それだけでは問題はけっして済まないということです。南無阿弥陀仏が真実の言葉であるということを、生きた言葉で言わなくてはならない。南無阿弥陀仏が真実の言葉だということは、今までにも言われているのではないかと思います。ある意味では、浄土真宗の教学やお説教はそのことばかり言って来たといってもよいくらいです。しかし問題は、そういう説教が概念化し固定化しつつあるのではないかという点なのです。人間の問題、宗教の問題というものは、実に言葉の問題だということを思わざるを得ないのであります。

名号の宇宙

浄土真宗の立場

私の専門は真宗学ではなく宗教哲学でありまして、長らくヨーロッパのことを研究してまいりましたが、最近は浄土教、とくに親鸞聖人の教えを学んでおります。真宗学の先生方もご自分のご専門の方面から研究されて、この教えを現代に広めるご努力をされています。それと同時に今日の時代は、真宗学以外のいろいろな学問の領域からも研究して、総合して親鸞聖人の思想を、その本来のスケールにふさわしい大きさにしていかなければならないと思います。

そこで、宗教哲学の見地から浄土真宗を考える場合に、私が今一番関心を持っておりますのは、「言葉」という問題であります。仏教には、天台や華厳のような学問の仏教もあります。概念の言葉の解読によって仏教の思想を体得していき、それによって仏に近づこうという、親鸞聖人も若い時に学ばれた仏教です。あるいは法相《ほっそう》宗、真言宗などという仏教もあります。それに対して、とにかく概念や言葉というものは悟りには邪魔になると見て、言葉というものを通さないで、言葉を絶したところに自分が心身を挙げて入っていく。その悟りの経験こそお釈迦さまの示された一番大事なことだから、それを直接に経験することを眼目とする禅宗のような不立文字《ふりゅうもんじ》の立場の仏教もあります。

この二つの立場と比べますと、浄土真宗はそのいずれでもないと私は思います。阿弥陀仏の本願というものは、実は名号《みょうごう》というもの以外にはないのです。本願の体《たい》は名号だということです。「体」という言葉もなかなか難しい言葉で、すこしわかりにくい言葉のひとつですが、実体もしくは実存というぐらいに考えてよいと思います。親鸞聖人も、『無量寿経』の「宗」は弥陀の本願である、弥陀の本願を経の宗致《しゅうち》とすると言っております。「宗」とはエッセンス、本質ということです。そして名号が経の「体」だとおっしゃっています。宗が現実の形をとった姿ということです。ですから、本願といっても阿弥陀さまの名号、名前となった阿弥陀さま以外にはないということでしょう。名号というものは、私の言葉で言いますと、原始言語だと思います。それはおよそ言葉というものの根源、根源的な言葉ということです。

言葉とは何か

言葉とは何であるかということは、たいへん難しい問題であります。私どもは毎日言葉の中に生きているわけで、言葉がなければ一刻も生きられないのです。ドイツのハイデッガーという哲学者は晩年に言語を徹底的に考えまして、人間とは何かという問いは、言葉とは何かという問いと切り離せない、言葉を離れた人間存在はない、と言っています。言語論は哲学の一部ではなくてむしろ全部だ、という意見を出しています。そのハイデッガーによりますと、私どもは一日中ひとこともしゃべっていなくても、実は言葉をしゃべっているというのです。自分自身と話をしている。眠っていても、夢を見ていても言葉を話している。目が覚めたら語るというのでなく、寝ても覚めても、たとえ発言しなくても言葉を語っている。人間というものは言葉を語るという行為を離れてあり得ないというのです。

しかしそれほど人間にとって大事な言葉とは、本質的な意味でそもそも何であるのかということは、まだ実はよくわかっていない。人間は言葉を使い始めて何十万年になりますが、まだ言葉の正体を発見していない。われわれは言葉の本質を明らかにする道程の途中にいるのです。ハイデッガーは一九五九年に『言葉への途上』という本を書きまして、人間は言葉の本質に還っていく途中にあるのであって、まだ言葉とは何かを知っていないのだと言っています。それほど言葉とは謎なんだと言うのです。

ところが近代という時代になって、言葉は人間が道具と一緒に発明したものであるという考え方が出てきました。言葉は人間がお互いに意見を交換するための道具にしかすぎない。つまりコミュニケーションとかインフォメーションの道具にすぎない。それが言葉というものであると、一般的に考えられてきたのです。この考え方は、ジョン・ロックという十七世紀の英国の哲学者が言い出してから世界中に定着してきたものです。その後もいろいろな言語論が出ましたけれども、この根本の考え方は現代でも変わっていないと思います。人間が社会生活を営むための手段が言葉だというのです。つまり人間と人間との間にだけ現われるものが言葉であって、それ以上のものではないと、みなそう思っているわけです。

しかし、もし言葉がそういうものだとしたら、言葉が人間を宗教的に救うということは考えられないし、あり得ないだろうと私は思います。これでは南無阿弥陀仏という言葉を称えることによって救われるということは、とてもわからないのではないでしょうか。言葉というものがたんに人間同士の意思交換の道具にすぎないとしたら、南無阿弥陀仏の名号を称えることによって人間が仏に救われるということは、とうてい説明できません。お経の中にそう書いてあるということはわかっていても、それが本当に信じられるかどうかということは、疑問に思います。だから、真宗学で名号論を研究されていても、一方で言葉というものが人間同士のコミュニケーションの道具だと思っているならば、名号のことはまた別だと言っても、それではどう別なのか、南無阿弥陀仏の名号という言葉だけがほかの言葉と違うのは、どこが違うのかということをはっきりさせなければ、名号を信じるということは本当にはわからないのではないかと思うのです。

そこで私は、言葉はその本質においては、けっして人間同士の意思の交換の道具ではないと思うのです。それ以上の深い次元が、言葉というものの中にはあるのだということを考えていかねばならないと思います。言い換えますと、今までの言語論をこの辺で一度ひっくり返してみる、解体してみる。解体といってもただこわすだけではなくて、一度分解して、別な仕方で言語論を再構築するということですが、そういうことをしないと、なぜ人は名号によって救われるのか、なぜ仏さまは南無阿弥陀仏の名号を称えるということによって、十方の衆生を救おうとされたかということは、本当はわからないのではないかと思います。

私は、人間同士の意思の交換の道具としての言葉は、これは言葉のある一面だけを言っているにすぎないと思います。つまり日常的生活の中に現われている言葉の姿のことを言っているだけなのです。われわれの日常の言葉は、ほとんど一時的なことを話しているわけです。実生活の場では言葉はたしかに道具であります。目的を果たしますと、もう捨てられます。たとえば、この私の講演が終りまして、司会の方が「これで終ります」と言われたら、みなさんは出て行かれますが、その場合の「終ります」という言葉は、みなさんが出て行くという目的のための手段となっているわけです。つまりその「終ります」という言葉は、その時点で捨てられて死んでしまうのです。永続しないのです。そういう言葉を私どもはお互いの日常生活の中で使っているのです。「おはようございます」と言ったら、相手も「おはようございます」と言ってそれでおしまいでして、「おはようございます」という言葉が五分間続くとか、一時間続いているとか、あるいは一生続くとか、永遠に続くということはありません。

しかし、南無阿弥陀仏という言葉は、永遠に続く言葉、永遠に留まっていく言葉でありましょう。人間のあらゆるものが過ぎ去り、全世界が滅びることがあっても、名号は留まって消えないのです。こういう言葉が本当の言葉であり、われわれが平生気楽に考えている言葉というものの真相なのだということに思いをいたさないと、名号論というものもどうも固定した概念的な説明の域を出ないと思います。

日常生活の中で使われている言葉は、言葉の表面でありますが、そういう日常の言葉と学問の言葉とは次元が違います。学問において使われている言葉は、概念の言葉です。概念というものは、たとえば「おはようございます」というような、何か目的があってその手段になる言葉ではなくて、ものごとの本質を言い表わす言葉として出てくるのであって、そこでは言葉はもはや道具性を一応捨てています。

概念についてひとつだけ例を挙げておきますと、たとえばヘーゲルという哲学者の場合です。十九世紀の初めに出たドイツの哲学者で、近代ヨーロッパの最後の形而上学者でありますが、そのヘーゲルの言った「概念」(Begriff) という言葉があります。この「概念」はものそのものを現わしている言葉であって、けっして実用的な目的の手段となって、その目的が果たされたら捨てられてしまうような言葉ではない。ヘーゲルは、ものの名前とか概念というものの重要さを知っていた人です。たとえばライオンという名前、つまり概念に出会うと、われわれはライオンという動物に対する直観とかイメージというものを必要としません。ライオンという名前から、われわれは現実のライオンそのものをすぐに思い浮かべる。つまり名前というものは、事柄や実物の本質を言い表わすものだと、ヘーゲルは言っています。ヘーゲルは、言葉というものが実用の道具だという考え方を否定した人です。言葉というものは、われわれが日常に思っているような簡単なものではないということを、この哲学者はすでに言おうとしたのです。しかし私は、言葉はそういう概念の言葉だけに終るのではなくて、言葉にはもっと深い次元があると思うのです。

それを考えるいい手がかりは、詩的言語です。一番簡単なのは、俳句です。

ほろほろとやまぶき散るか滝の音

という俳句が芭蕉にあります。この時の「やまぶき」という言葉は、植物学辞典に書いてあるような、たんなる概念ではないのです。植物学辞典で「やまぶき」を引きますと、たぶん、葉が何枚あって、色はどういう色で、シベは何枚ある、いつごろ咲くとか説明してあると思いますが、これは山吹の概念的説明です。概念的な言語は、どれだけ正確であっても、ものそれ自身をそこに出現させることはできないのです。しかし、「ほろほろとやまぶき散るか滝の音」という芭蕉の俳句を読みますと、私たちは山吹を目の前にするのです。この俳句の中の「滝」という言葉を見ますと、私たちは実際に滝を見たり、滝の音を聞く経験をするのです。

そういうわけで、社会の中で人間同士の意思を疎通させる機能とは違った、もうひとつの機能が言葉にはあるのです。自然と話をする、ものと話ができるはたらきを言葉は持っています。ものが語っている声が、そのまま俳句の言葉になっているのです。この詩的言語は、われわれが普通に思っているような言語の機能とはまるで違う機能を果たしています。それは日常生活の言葉でもなければ、学問の言葉でもない。詩という独特な領域の言葉です。詩など夢物語だというようならともかく、人間は現に詩を作り、自然と話をするという経験をすることができるわけで、そこに言葉というものの不思議な現実の事実があるのです。

名号について考える場合に、こういう詩的言語というものが有力な手がかりになるのではないか、と私は思うのです。もちろん私は、けっして詩あるいは芸術と浄土真宗とが同じだと言っているのではありません。ただ、言葉というものは、たんなる記号とか、概念ではなくて、もっと深くて不思議な生きた何ものかであるということを探る入口に、詩がなるのではないかと考えているわけです。

名号は人間と仏さまとの通路

私ども人間と仏さまとの通路は、ひとつの原始言語以外にはないというのが浄土教の根本思想だと思います。私どもと仏さまとが何によってつながるかといえば、南無阿弥陀仏という原始言語、根源的な言葉によってつながる。だから、名号というものはけっして人間が語っている言葉ではないのです。そうではなく、仏さま自身が私どもに語りかけている言葉です。本願が語っている。本願の海鳴《うみな》りです。親鸞聖人は、お釈迦さまは弥陀の本願海を説くためにこの世にお出ましになったと、「正信偈《しょうしんげ》」におっしゃっていますが、その本願の海鳴りが南無阿弥陀仏です。阿弥陀さまの慈悲が鳴っている、私に呼びかけている。名号は阿弥陀さまの本願の語りかけなのです。

阿弥陀さまというと、阿弥陀さまというのはどこにいるんだ、というようなことを言う人がありますが、もし真理という言葉が好きだったら真理が語っていると言ってもいいのです。あるいは宇宙が語っている、存在が語っていると言ってもいいでしょう。とにかく人間がこちらから語るということが、言葉というものの根本的なあり方ではないということを、本気で考えなければいけないと思うのです。そうでないと名号は信じられない。もし名号が人間の言う言葉だったら、南無阿弥陀仏で救われるわけがないのです。「おはようございます」と同じような南無阿弥陀仏、そんなもので人間は救われはしません。もし言葉というものが、人間の道具、人間同士の意思の疎通をはかる手段ということで終るのなら、名号の深い意味、本当の意味はわからないのではないでしょうか。言葉の一番の深み、根源は、人間が語るというあり方を超えているのです。

そういうことを、ハイデッガーという哲学者も言っているのだと思います。もちろん彼は浄土真宗は知らなかった人です。一説によるとハイデッガーは『歎異抄』を読んで感激したというのですが、これはおそらく事実ではないでしょう。けれども、まったく浄土真宗と違うところで言葉の本質というものを徹底的に考え抜いたその哲学者が、やはり「人間が語るのではない、言葉が語るのだ」と言っているのです。普通はみな、言葉は人間が語るに決まっていると当り前のように思っていますが、実は言葉が語るのだと言うのです。人間同士が語っているということは事実だけれども、その人間が言葉を語るということの根底にあって、そのことを支えているものはいったい何か。それは言葉が語るということだ。言葉こそ言葉を語る真の主体だということを、ハイデッガーという人は、言葉の本質を突き詰めていったあげくに発見しています。これは私にとって、「ああ、そういうことだったのか」というような一種の啓示となった次第です。

『ヨハネ伝』の初めに、「はじめに言葉ありき」という文句が出てきます。神さまが世界を創ったと言いますとキリスト教のドグマになりますが、「はじめに言葉ありき。言葉は神と共にありき。言葉は神なりき」という場合は、神が有るか無いかというようなことにこだわる必要はないので、あらゆるものの根源は言葉だという真理を言っているわけです。言葉がなければ何ものもない。言語というものが一切に先立つ原始的なものであって、それが宇宙の初めだということを言っている文句だと思います。親鸞聖人の『一念多念文意』とか、『唯信鈔文意』などを拝見しますと、一如《いちにょ》とか真如《しんにょ》とか、色も形もない法性法身《ほっしょうほっしん》が、方便法身《ほうべんほっしん》という形をとって現われて、み名と形に自分自身を示されたとあります。色も形もない法性法身が南無阿弥陀仏の名号となって自分を現わされたとあります。そうしますと、言葉というものは色も形もないところから現われて来る。法性法身から現われて来る。それが南無阿弥陀仏という名号です。それは人間存在よりも先にあるものです。法性法身から形をとって現われてきたものが名号という言葉です。これは言葉というものの根源的な姿ですから、原始言語と呼んでいいと思います。

ハイデッガーは、そこのところを神が語るとは言わないのです。人間が語るのではなくて、神さまが語っているのだといえば、それはキリスト教のドグマになります。人間が語るのでないのなら、神さまが語るのかというと、そうでなくて言葉が語るのだというわけです。私はこの「言葉が語る」ということが、法性法身というものが方便法身の名号という形になってくる消息を、一番よく言い表わしていると思います。神がまず存在していて、その神が語るというのではなくて、言葉そのものが語るというのです。仏さまというのは、神のように有的な実体ではないのですから、本願の名告《なの》りということは、ハイデッガーが言葉が語ると言っていることとどこか似たところがあると思われます。

名号の神秘と言いましょうか。南無阿弥陀仏という名号は、実に神秘そのものです。人間を救う力をこの言葉は持っているのですから、そういう名号の力ということが、浄土真宗の教えの根本にあるわけです。言語というものが人間存在を救うという思想が、浄土教の中心にあるということです。もちろんこれは親鸞聖人がはじめて言われたことではなく、『教行信証』の中にたくさん引用があります。たとえば、「わが弥陀は名を以て物を接したまふ」。仏さまは名をもって衆生を救うとあります。親鸞聖人以前の思想の中に、名前というもの、仏名というものの不思議ということがいろいろ語られています。われわれはそういうセンテンスに出会って、言葉というものの不思議さにもう一度覚醒する必要があるのではないでしょうか。言葉なんか知りつくしている当り前のことだと思っていますと、南無阿弥陀仏というのはありがたくないでしょう。言葉はけっして当り前ではなく不思議なものです。

言葉というものの不思議さ、言葉の重要性ということが、浄土真宗の信仰と思想の核心にあると思います。そういう意味で真宗は言葉の宗教だということができます。仏さまは言葉を持っていらっしゃらない、名前もないように思いますが、実はそうではない。親鸞聖人とか法然上人は、何をされたのかと言いますと、仏さまに名前があったということを発見されたのだと言えましょう。仏さまに名前があった、南無阿弥陀仏という名があることを教えてくださったのです。それまでは、仏さまとは色もなく形もない存在と思っていたけれども、そうではなくて名前があるのだということを発見された。名前を名告る存在こそ仏である。仏さまにとって名前というのは偶然的なものでなくて、名前を持つところに仏さまがあるのだということです。名は仏の慈悲を現わしています。言葉でわれわれに語りかけるところに如来の慈悲があるのであって、名前がなかったなら、私どもがこっちにいて、向こうに如来が立ってお互いに向かい合っているだけのことになります。名前となって向こうからこちらに語りかけてくださったから、私どもと如来はつながった。だから南無阿弥陀仏ということは、如来と私の対話であります。

「生きることは淋しゅうございます。死ぬのは辛うございます」と、私が言いましたら、「まかせておけ」と、如来はおっしゃるでしょう。私がいろいろな煩悩のことを申し上げたら、如来はいつも「まかせておけ、心配するな」と、おっしゃるでしょう。私は私の言葉でいろいろな煩悩のことを言うけれども、いつも向こうは「おまえのことは引き受けた、心配するな」、こう言われる。それが仏に言葉があるということ、またそれが名号ということであります。『歎異抄』に誓願不思議と名号不思議というのは別々ではないと記されています。「おまえは誓願不思議に救われるのか、それとも名号不思議に救われるのか」と問うて、素朴な信者たちを困らせた人がいたのに対して、誓願を離れた名号もないし、名号を離れた誓願もない。誓願の不思議を信じることが、名号の不思議を信じることである。なぜなら、名号を称えるものを救おうということが阿弥陀さまの誓願だからだ、と書かれてあります。

そういうことから、宗教にとっていかに言語が大切かということを改めて思うのです。言葉を抜きにした人間存在は、陸に上った河童というか、水から出た魚のようなものです。われわれが言葉の中にいるということはそんなふうに自然なことです。われわれは片時も言葉を離れることはできません。ですから、われわれの救いは、言葉を離れたところでの救いではなく、言葉の中での救いでなければならないということです。言葉の中にしか、われわれの救われる場所はない。そのことを、ある根源的なものがとっくに見透かしていて、自らを言葉にした。南無阿弥陀仏という名号になったわけです。だから南無阿弥陀仏というものはどこから現われてきたかというと、それは仏の悲しみ以外にはない。仏の悲しみが、名号という言葉の形をとった。自分を名告り、われわれに呼びかけたということです。言語という世界は、人間存在の離れることのできない現実の場所であって、その中で救われる教え、それがやはり一番自然な宗教ではないかと私は思います。

このあいだ、南山大学でシンポジウムをやりました。神学者たちと私どもで「浄土教とキリスト教」というシンポジウムでしたが、キリスト教にも名号に似たものがあるということを言った学者がいました。それは主として東方教会でいう「イエスの祈り」というもので、信者たちがイエスの名前を称名のように唱えるということがあるようです。これはやや名号と似ているのですが、イエスの名がすなわちイエスだということではないようです。そうしますとキリスト教と浄土真宗が似ていると言っても、名号が有るか無いかで根本的に違うようです。あるいはだいぶ以前に、マルチン・ルッターと親鸞は唯信ということで、ただ信ずるということを根本にしている点で似ているということを言った人もあります。親鸞聖人が「信心正因」、ただ信心と言うのと同じように、ルッターが、カトリック教会のいろいろな善行を捨てて、ただ信ずるということひとつでいいと言った、sola fide という思想と合致するというのです。これはそのとおりですが、ルッターには名号に相当するものがないと思います。これはルッターと親鸞の近似にもかかわらず、最後のところで違うところです。根本的な意味で「言葉の宗教」と言えるのは、やはり浄土教でありまして、それが浄土教の大きな特徴ではないかと思うのです。

ところが、現代という時代は、言語がそういう途方もなく深い世界を持っているということがわからなくなっている時代です。言葉は使い捨ての道具のようにどんどん捨てられていく。言葉に対してわれわれはたいへんなおざりな関係をとっている、そういう時代です。ヨーロッパでは現代人の言葉は「騒音語」だと言う人もあります。マックス・ピカートというスイスの思想家ですが、現代の人間が使っている言葉は、あれは騒音にすぎないと言うのです。人間の言葉ではなくなりつつある。つまり科学技術の時代というのは、言葉が変質してむしろ記号になり、数になっていく時代です。だからそういう時代に、生きた言語を取り戻すということが、すなわち人間を取り戻す道だと思います。根源的な言語というものに関係しなければ人間とは言えないのです。南無阿弥陀仏という根源的な言語に覚醒していく。これはひとり浄土真宗の中の人だけの問題ではなく、ひろく人間存在の問題です。浄土真宗の教えは、人間が人間になる普遍的な道を教えているように思います。

真実の言葉の伝統

ところで言葉の問題のもうひとつは、「弥陀の本願まことにおはしまさば、釈尊の説教虚言なるべからず云々」という『歎異抄』第二章の有名な文章の中に出ている問題であります。阿弥陀さまの本願がウソでなく真実であったならば、お釈迦さまの説教もウソでない。それから「仏説まことにおはしまさば、善導《ぜんどう》の御釈虚言したまふべからず」。お釈迦さまがおっしゃったことが本当だったら、善導大師のおっしゃったこともウソでない。「善導の御釈まことならば、法然の仰せそらごとならんや」。善導大師が本当のことをおっしゃったのなら、法然上人もウソをおっしゃっていない。そして、「法然の仰せまことならば、親鸞が申すむね、またもてむなしかるべからず候ふか」と、書かれています。

この部分の文脈は、親鸞聖人が、私は念仏しなさいと言われた法然上人の言葉を信じて念仏しているだけであって、念仏したら極楽に往けるのか、地獄に堕ちるのかということはまったく知らない、そんな具合に、関東から訪ねてきた弟子たちを突き放した、そのすぐ後に続けて出てくる文章です。これは法然上人に対する絶対的な信順を語っておられるところですが、その文脈の中で実はそれ以上の大きなことをおっしゃっていると思います。

私はこの短い言葉の中に、ある意味では宗教の問題のほとんど全部がこもっているのではないかと思っています。阿弥陀さまの本願がまことであるなら、お釈迦さまのお説教がウソでないということはどういう意味でしょうか。阿弥陀さまというのは人間ではありません。その阿弥陀さまの本願がまことだから、それを説かれたお釈迦さまの説教がウソでないと言われるのです。お釈迦さまは人間として歴史上に実在した方です。『無量寿経』はそのお釈迦さまが説かれたのですが、それはわれわれが読んだらわかる人間の言葉で説かれています。今われわれが読んでいるのはサンクリット語や漢訳、中国語で書かれた言葉です。お釈迦さまはインドの言葉で説法されたのでしょうが、とにかく人間の言葉でおっしゃったことは事実です。けれどもその人間の言葉を通して、いかなる人間の言葉でもない原始言語としての弥陀の本願のまことというものを説かれたのです。『無量寿経』は弥陀の本願を説いている。仏さまの語りを説いているのです。お釈迦さまの口を通して、人間の言葉ではない言葉、真理そのものであるような言葉が説かれていると親鸞は言うのです。

しかしいったい『無量寿経』がフィクションでないという根拠はどこにあるのでしょうか。このことをわれわれの実存をもって実証することが信仰の問題だとも言えます。『無量寿経』も誰か人間が作ったテキストではないかと、そんなことを思っていると、『無量寿経』によって救われるということは起こりません。『無量寿経』というものはたしかに人間の言葉で書かれてある。しかもそれは弥陀の本願を説いている。その間のギャップをどうやって飛び越えていくかという問題です。

これは、実はわれわれがいつも直面している問題であります。お説教を聞きながら、あれはあのご講師さんの言っている言葉だと思っていたら、本願は信じられないでしょう。そのお説教がそのまま、阿弥陀さまのじきじきの語りだということになって、はじめてお説教を聞いたということになるわけです。妙好人の浅原才市《さいち》が六十三歳の時、島根県の安楽寺でお説教を聞いた折の自問自答をノートに書いております。「『才市よい』『へ』『今説教したわ誰か』『へ。安楽寺の和上さんであります』『そうではあるまい』『へ。蓮如さんでありました』『そうではあるまい』『へ。弥陀の直説、なむあみだぶであります』」。そういうふうに言っておりますが、安楽寺の住職は梅田謙敬という方で、浅原才市を教化した人です。大正元年の島根県の温泉津《ゆのつ》の町の安楽寺の本堂という時間空間の中の一点で、時間空間などはない永遠の現在である弥陀の直説が響くのを才市は聞いた。その時の住職の言葉は、生身《なまみ》の住職が語るというものではなかったわけです。そのご住職の言葉は、阿弥陀さまがいま現に語っている永遠の場所を開いていたのでしょう。その時、安楽寺のご住職の言葉は我《が》をなくしていたに違いありません。自分のエゴをなくして、阿弥陀さまの言葉を聞いた。だから、その言葉は阿弥陀さまの本願を伝えることができたのです。自分自身が本願を聞かずして、そのお説教が才市に阿弥陀さまの本願と聞こえるはずはありません。

何よりもまずお釈迦さま自身の場合がそうだったのです。お釈迦さまは自分の我を捨てたから、阿弥陀さまの本願という原始言語を聞き、それを説くことができた。本願の大いなる海鳴りをお釈迦さまは聞いたのです。阿弥陀さまの言葉が人間の言葉に反射しているのが『無量寿経』です。だから「弥陀の本願まことにおはしまさば、釈尊の説教虚言なるべからず」ということは、実に本願の言葉が人間の言葉になった大事件のことであります。お釈迦さまという方を通してこの大事件は起こりました。お釈迦さまのおっしゃっていることがウソでないのは、人間としてのお釈迦さまは、阿弥陀さまの本願海の中に没入して消えてしまっているからです。この没入によって『無量寿経』は、人間を超えた弥陀の本願を人間の言葉にしているわけです。親鸞聖人はそのことを、真実の教えである『無量寿経』の「宗」は弥陀の本願、名号はその「体」だとおっしゃっているのではないでしょうか。

『観経疏《かんぎょうしょ》』を書いた善導大師の場合でも同じことです。『観経疏』における善導大師も、やはり個体としての自分をなくしているのです。自分の我をなくして仏説に聞いたから、『観経疏』の中に弥陀の本願を伝えることができたのです。おそらく善導大師は『観無量寿経』を読み破ったのでしょう。『観無量寿経』の中の概念を突き破って、その中に概念や意味以前の仏の語りそのものを聞いたのでしょう。たいていの解釈は概念のところから向こうにはなかなか行けないのです。概念から概念に横ばいに行く、言葉の詮索だけで終りやすい。しかし善導大師は経典の概念を突き破って、『観無量寿経』の無数の漢字の中に語られているただひとつの阿弥陀さまの慈悲の言葉、本願の海鳴りの音を聞かれた。その仕事が『観経疏』の仕事であります。まことに「善導の御釈虚言したまふべからず」であります。蓮如上人が「聖教《しょうぎょう》は読み破れ」と言われたのも、概念を突き破って、概念になってくる以前の生きた言葉の中に含まれている命をつかめということでしょう。

これらの人々はみな、言葉を通りながら言葉の原初へと突き抜けて行ったのです。人間としてのお釈迦さまが語ったり、善導が語ったりという、そんな地平はもう超えられている。言葉を超えたものが人間の言葉になる、人間の言葉を通して伝えられていくという、そういう不思議がここに起こっているのです。そのようにして今、われわれの前にこの浄土真宗があるのです。七高僧の伝統というのは、そういう不思議な真実の言葉の伝統のことだと思うのです。ハイデッガーの言う「言葉が語っている」という世界が、連綿と続いてきたということです。私はそういう意味においては、伝統というものは、たんに水の流れのように伝わるものではないと思うのです。

私は奈良県の吉野に住んでいます。奈良県は南半分が吉野杉の美林で、ずっと熊野の方まで吉野杉ばかりです。あの林は自然に大きくなるものだと思っておりましたら、そうではないようです。吉野杉だって放っておきますと枝葉や草が生えてきてダメになる。絶えず手を加えていなくてはいけないのです。下草を刈ったりいろいろ手を加えないと、子孫に伝わらないのです。まして宗教とか信仰とかいうものが伝わるには、このような七高僧の方法が要るのだと思います。もちろんそれぞれの方の言葉はすこしずつ違っているでしょう。たとえば天親《てんじん》の『浄土論』も、曇《どん》鸞《らん》の『浄土論註』になりますと、そのエッセンスが、曇鸞自身の言葉になっているのでしょう。先師の言う言葉をそのままくり返してはいないのでしょう。曇鸞独自の言葉になっていると思うのです。そうなるとそれは曇鸞が勝手に解釈したことになるのではないか、曇鸞は天親の思想を屈折させたのではないかと思われるのですが、実はそうではなくて『浄土論』のエッセンスをとらえているのです。思想や信仰の伝統というものは、バケツリレーみたいにはいっていないと思います。七人の高僧たちが一滴の水もこぼさないように伝えたというような方法ではないと思います。一滴もこぼさないようにするなら、何もせずにいたら一番よい、そうしたら一滴もこぼれないのですが、残念ながら思想というものはそうではないのです。解釈をしないと伝わらない。しかしその解釈をするには、自分の我を無にしないとダメなのです。自分の我を入れると曲解になってしまいます。そのようにしてそれぞれが自分を無にした解釈の伝統が、七高僧の伝統だと言えると思います。

言葉を聞く

そこでまた、ハイデッガーの考え方に戻りますと、言葉に対する人間の最も根源的な関係は何かということです。私どもはいつも言葉を語っていますから、語ることが言語に対する人間の一番最初の関係のように思っています。近ごろはテレビの対談や討論会でも、相手の言うことをあまり聞かずにしゃべっていますが、ああいう傾向がどうも人間にはあります。ものが言えるのなら、とにかく言わないことにはということで、言葉を語ることが、言葉に対する最も原初的な関係のように錯覚いたしますが、ハイデッガーはそうは考えないのです。言葉に対する人間の最も原初的な関係は、言葉を聞くところにあると言うのです。聞くということ、言葉が語っていることを人間が聞くということがまず最初になければ、人間は本当に言葉を語ることはできない。聞くことが語ることの基礎だとハイデッガーは言うのです。『言葉への道』という本の中からハイデッガーの文章をひとつ紹介してみます。

語るということは、もともとひとつの聞くことである。それは我々が語っているところの言葉を聞くということである。それだから、語ることは同時に聞くことであるというのではなくて、語ることは前もって聞くことなのである。我々は単に言葉を語るだけではなくて、言葉から語るのである。我々にこのようなことができるのはただ、我々がそのつど、すでに言葉に聞いたということによってのみである。その時我々はいったい何を聞くのか。言葉が語るのを聞くのである。

言葉自体の語るのを聞くということが、実は言葉というものの持つ最も深い次元である。その深い次元へ入っていくことが、言葉に対する人間の最も深い関係である、というのです。言葉に対する人間の最も深い関係というのは、人間存在の最も深い生き方だということを言っています。

ハイデッガーはもちろん、称名念仏の思想は知らなかった人ですが、言語の本質の中に称名念仏が持っているのと同じような次元を発見していると私は思います。南無阿弥陀仏を称えるということにおいて、われわれは、測り知れない言葉の深みの世界に入っていく。われわれの称名念仏は、仏の語りを聞くということによって、はじめて起こるわけでしょう。南無阿弥陀仏は、こちらから先に出る声ではなくて、仏さまが語っている、向こうから私の方へ呼んでいる声です。親鸞聖人は「帰命とは本願招喚の勅命なり」と、『教行信証』「行巻」の中で言っておりますが、私が南無阿弥陀仏を称えるということは、向こうから私が呼ばれているということでしょう。

仏さまが私たちを呼ぶ時は、私たちを固有名詞で呼びます。私ですと、「おい、大峯くん」と呼ぶでしょう。「人間よ」なんて呼ばないでしょう。十方衆生だけれども、十方衆生を団体で呼ぶのではなくて、一人ひとりの固有名詞で呼ぶのが如来の呼び方です。『唯信鈔文意』の中で、「如来の尊号は甚だ分明である」という法照《ほっしょう》禅師の偈を「よろづの衆生ごとにと分かつこころなり」と親鸞聖人が解釈しているとおりです。「大峯くん」と呼ぶということは、阿弥陀さまが「私はここにいるよ、おまえを片時も離れることはないよ」ということでしょう。私に呼びかけるということは、そのまま如来自身の名告りです。ご自身を名告ることと、私を呼ぶこととは同じひとつのことです。それに対して私が「はい」と返事をする。向こうから呼ばれたから返事をするのです。それがいわゆる称名念仏ということでしょう。その時に私は世界の一番の深みに入っている。私の存在の根元に入っているのです。その存在の根元において、私は何ものかにつねに護られていることがわかる。私たちは絶対に捨てられていないということがわかるでしょう。私たちの存在の根底には、私たちを捨てないものが常にあるということです。

そういう教えを本当に伝えるためには、ともすれば概念化しやすく、硬直化しやすいわれわれの言葉の危険というものにもっと敏感でなくてはならないと思います。われわれの使う言葉というのは概念ですから、聖教の解釈をする場合にも、概念的な習慣化した考え方が知らず知らずのうちにつきまとって、それが生きた聖教の火を消してしまいがちです。親鸞聖人は細心にしかも大胆に聖教を読んでおられます。まあ力量のこともあって親鸞聖人のようにはとてもまいりませんが、その精神だけはやはり学びたいものだと思うのです。ひとつの概念語を、横へすべらせて別な概念語で置き換えるような、そういう仕事ではなくて、概念の中にこもっている精神、エッセンスを取り出してくる、そういうことを親鸞聖人に学びたいと思うのです。尊い教えを伝えていくためには、言葉が命だと思います。

『無量寿経』の最後には、お釈迦さまが阿弥陀仏の本願を説き終った時、天地が六種に震動し、世界に光が照りわたり、そして天から紛々と華《はな》がふってきたとあります。それは人々の喜びを表現しているに違いないのでしょうが、私は華がふってきたということは、やはり、釈尊の言葉がいい香りがしたということではないかと思うのです。お釈迦さまの言葉が固い概念ではなくて、いい匂いのする言葉で、言葉に匂いがあったに違いない。天地を動かす響きがあったということを表現しているのではないかと思います。死んだ概念語には光や匂いなどありません。けれども生きた言葉には匂いや響きがあるのです。お釈迦さまの説法にはきっと、人々を明るく包む光や、人々を覚醒させる響きや、人々を安心させるなんとも言えないいい匂いがしたのではないでしょうか。お経には余計なことや無意味なことはひとつも書いてないと思います。ただ私どもの方の了見が狭かったり理解が行きとどかないものだから、たとえ話くらいに思いがちでありますが、すべて深い意味のあることに違いないのです。こちらの心が硬直化しないで柔らかくなっていくと、すこしずつわかって来るところが、まだまだあるのではないかと思います。そういう意味も含めて、言葉というものをもっと大事にしていきたい。現代における宗教の根本問題は言葉の問題ではないかということを最近切実に考えております。

芭蕉と親鸞

仏とは名号である

「芭蕉と親鸞」という題をご覧になっただけでは、いったい芭蕉と親鸞聖人とどんな関係があるのかと、戸惑われるに違いないと思います。今年（一九八九）は芭蕉が奥の細道を歩いてからちょうど三百年になります。各地でそういう記念行事や会が盛んになされております。親鸞聖人が生まれてから八百年ですから、芭蕉と五百年ぐらいの時代の違いがあります。それから、芭蕉は若いころ、禅の修行をしたことがある。鹿島根本寺二十一世の仏頂《ぶっちょう》禅師という人に参禅したことがいろいろなことから推測されています。彼の作品の中には、禅をやらなかったらけっして生まれなかったような詩の世界の深みが出ています。たとえば、蕪村という人は天明時代の俳人ですが、芸術至上主義で審美的な蕪村の句と比べると芭蕉の句には、やはり仏教の求道の経験をもった人でないと生めなかったような深さがあるように思われます。しかし、芭蕉には禅の経験があったようですが、浄土真宗の念仏の信者であったということはないようです。私がここでこういうテーマを出しましたのは、芭蕉と親鸞聖人との仏教や信仰のうえでの関係ではなくて、いったい言葉というものは何か、という問題を考えてみようと思ったからであります。

いったい浄土真宗の教えの根本は、われわれは阿弥陀の本願によってのみ救われるということですが、この阿弥陀の本願には色も形もない。その阿弥陀の本願というものがわれわれ凡夫にわかるような形をとったのが南無阿弥陀仏という名号《みょうごう》でしょう。だから親鸞聖人の教えと、親鸞聖人が七高僧と呼んでいる龍樹《りゅうじゅ》からはじまって天親《てんじん》、曇鸞《どんらん》、道綽《どうしゃく》、善導《ぜんどう》、源信、法然と続く思想家たちに共通する考え方は、人間は南無阿弥陀仏という名号によって救われるという考え方であります。南無阿弥陀仏という名号を離れて仏はないのだということが一番大事な点でありまして、そうでないと、私たちは仏さまにつながることはできません。たとえば家の門標は主人が留守の時でも表に掛かっている。私でしたら、大峯顯と戸口に出ているのですが、訪ねて来られても「きょうは留守です」ということもあります。もしそういう関係が、南無阿弥陀仏と阿弥陀さまとの関係なら、南無阿弥陀仏はたんなる符号にすぎない。それでは私たちが仏さまに出遇《であ》うことはできないのです。そうではなくて、南無阿弥陀仏を称え南無阿弥陀仏を信じることによって私たちは救われるのであります。仏とは実に名号という根源的な言語にほかならないということを発見した思想家の系列が七高僧です。

この思想の根源はいうまでもなく『無量寿経』であります。親鸞聖人の『教行信証』の「教巻」の最初のところに、「それ真実の教をあらわさば、すなわち大無量寿経これなり」と記されています。『無量寿経』は何を説いてあるかというと、阿弥陀の本願を説いてある。弥陀の本願というものが『無量寿経』の宗だ、本質だと言っている。『無量寿経』の本質は何かと言ったら、阿弥陀の本願である。『無量寿経』は、初めからしまいまで、阿弥陀の本願を説いてあると言われています。そしてその経の体は何かというと、南無阿弥陀仏の名号だと言うのです。名号をもって経の体とする。だから本願というものが経の本質であり、名号はその体だ。そういう言い方をしております。実はもうこれだけのことの中にも非常に大事な関係がすでに出ていると思います。教えというものはお経の中にある。そのお経は何を説いているかというと、阿弥陀の本願を説いてある。その阿弥陀の本願によって救われるということは、とりもなおさず南無阿弥陀仏の名号によって救われるということにほかならない。なぜかと言うと、阿弥陀の本願とは、南無阿弥陀仏の名号を信じて、これを称えるものを必ず浄土に迎えとるという本願だからです。阿弥陀の本願といっても、名号を離れてどこにもありはしないのです。仏さまは名号、すなわち言葉なしにはないということです。

私たちは仏といったら何か色も形もない無限な存在、そういうものを漠然と考えがちでありまして、そんな仏さまのことを一生懸命思うことが信心だと思ったりしています。けれども、仏さまをいくら考えても私たちの考えは仏さまの世界にはとどかない。阿弥陀さまの絵像や木像の前で黙想して、無念無想になろうといくらやりましても、それでは救われはしない。私たちの心の中には、妄念妄想しかない。源信和尚は、われわれ凡夫というものの地体《じたい》、凡夫の本性は妄念しかないと書いています。くよくよしてみたり愚痴を言ってみたり腹を立ててみたりするのが私たちの正体だということを、あの比叡山の横川《よかわ》の聖者といわれた源信和尚が言っているのです。仏さまの前に坐って仏さまのことをいくら考えたって、そんな想念はわれわれの妄念にすぎない。つまりわれわれは妄念の地獄を脱出することはできないということです。そういうわれわれに向かって、阿弥陀の本願という根源的な言葉が語りかけてきて、なんとかしてこの地獄の中に閉じこめられているわれわれを救おうとする。妄念から出ようという思いもまた妄念であるようなわれわれを救うには、自分が言葉になる以外にはなかったということが、阿弥陀の本願の起こりなのです。南無阿弥陀仏と称えるだけで衆生は仏さまにつながることができる。その他に何ひとつ要らない。南無阿弥陀仏というのは仏さまが現われた姿なんだから、私と仏さまとは念仏でひとつになる。それが阿弥陀の本願です。

阿弥陀が南無阿弥陀仏という名前になったのはなぜかというと、それは仏さまの悲しみでありましょう。われわれ衆生は死んだところでまた生まれて妄念の中にいる。そういう限りない生死《しょうじ》流転《るてん》、その煩悩の苦しみの海を出ることのできないわれわれを哀れと見る、存在の持っている大いなる悲しみ、それが形をとったのが、南無阿弥陀仏という名号だということです。そうするとわれわれは何によって救われるのかといえば、真実の言葉によって救われる。仏の大悲の心によって救われるわけですが、仏の心とは何かといえば、それは私に語りかけてくる仏の言葉以外にありません。その仏の言葉によって救われるのです。その仏の言葉を人間の言葉で言ったらどうなるかというと、「おまえを必ず救う」という言葉になる。だから南無阿弥陀仏というのは「おまえを必ず救う」ということです。どんなことがあってもおまえを見捨てることはない、絶対に間違いなくおまえを仏にせずにはおかないということ、それが人間の言葉で言った仏の言葉です。今言ったのは人間の言葉で言ったのです。仏さまが人間の言葉でおっしゃるわけはない。けれどもそれが仏の言葉であることには違いがないのです。

だから名号というものは原始言語と呼んでいいと思います。人間はさまざまな言葉を使います。日本人なら日本語を使うし、ドイツ人ならドイツ語を使う。東北の人は東北の方言で言う。九州の人は九州の言葉を使う。子供は子供の言葉を言う。言語というのはそういうふうに千差万別なのですが、そのさまざまな形で現われている言葉は、その根本においてはどういう姿をしているのか、ということが問題になるのです。根源的な言葉の形というものは何か。それが名号と呼ばれる言葉なのです。

この言葉はどういう形をとっているかといえば、虚偽の言葉ではないということです。虚偽の言葉ではないとはどういうことかというと、言われている事柄と言葉とが一致しているということです。本音と建前があるのはウソの言葉でしょう。「まかせなさい、私がしてあげますから」と言ったって、やってくれない場合がある。ただその場を取り繕うために言う場合もあります。「善処します」という言葉でもそうでしょう。その場を言い逃れる手段になっていることが多いのです。「善処します」と言っておいて善処しなかったら、「善処します」という言葉は空言《そらごと》になります。親鸞聖人が『歎異抄』の中で言われた「そらごとたはごと」ということです。中味がない言葉でしょう。けれども悲しいかな人間の世界というものは、なかなか言葉と実際とが合致しない世界なのです。最初からやらないつもりではなくて、やろうと思ってもそれができなくなってしまうことがある。言葉とその中味、内容とが合致しない。そういう世界がわれわれ凡夫の生死無常の世界です。

われわれの言葉は親鸞聖人がおっしゃったように、そらごと、たわごとです。まことがないと同時にまことでない。まことということは、本当の事柄、真実という意味と同時に、本当の言葉という意味です。真実と同時に真言という意味です。それがまことということです。われわれ人間の世界は、ウソの事ばかりがあると同時に、ウソの言葉ばかりがある世界です。それがわれわれの世界だとしますと、その世界の中では当然われわれは救われないわけでしょう。いったいわれわれはどうしたら救われるか。本当の言葉に出遇ったら救われる。称名念仏こそ、その本当の言葉だと親鸞聖人はおっしゃっているのです。「煩悩具足の凡夫、火宅《かたく》無常の世界は、よろづのことみなもてそらごとたはごと、まことあることなきに、ただ念仏のみぞまことにておはします」、とおっしゃっているのは、そういうことです。

南無阿弥陀仏の名号は仏さまが実際にその中にある言葉です。仏さまの符号や記号ではけっしてないのです。南無阿弥陀仏をもしそう思っていらっしゃったら、これは仏さまを信じていないことにならざるを得ません。南無阿弥陀仏というのは自分が言っている言葉だ、「きょうは暑いです」とか、「いつもお元気ですね」とかいうように、私が南無阿弥陀仏と言うのだと、もしそう考えていたら、それはたしかに救われません。私が言う言葉では私はけっして救われません。名号は仏さまの方が私に呼びかけている言葉だから、私は必ず救われるわけです。

しかしながら、そういう言葉の世界というものを、われわれはなかなか信じられないようです。というのは、言葉は人間の約束事だとみんな思っているからです。南無阿弥陀仏の名号だけは特別のものだというだけでは片付かない問題がここにあります。どういうわけで南無阿弥陀仏という言葉だけがほかのわれわれのすべての言葉と違うのか。いったい名号がなぜ人間の救いになるのか、仏の名前を信じることがどうしてわれわれの救いになるのか、という問題をもっと本気で問わなければならないのではないでしょうか。名号というものの論理をはっきりさせなければならない。名号というものはこういうものですという説明ではダメなんです。名号論は今までたくさん書かれています。名号というものはこういうものだという説明はされてあるけれども、名号がなぜ人間の救いになるのか、言い換えると、言葉というものは一番根源のところではいったい何か、という問題がすこしも問われないで残っていると思うのです。

言葉が失われている現代

これは教学にとって根本的な問題だと私は思います。というのは、現代という科学文明の世界の性質については、いろいろな学者が分析しております。たとえば現代では人間関係が非常に疎外されてきている。人間と人間との関係が非常に機械的になって、人間味がなくなっている。そういうことが盛んに言われますし、それから人間が物質や商品だけを大事に考えるようになって、心とか精神とかいうことをあまり考えなくなったとか、現代社会のいろいろな特色をいろいろな人が言っています。それらはみな正しい分析だと思います。正しい意見と思いますが、もうすこし基礎的な角度から見たら、現代とは言葉というものがだんだんと失われてゆく世界ではないかと思うのです。言葉が記号になっていく世界。数になっていく世界。本当の生きた言葉というものが信じられなくなっていく時代が、科学技術文明の時代の本質ではないかと私は思うのです。

人間というものは何かというと、体と心でできていると、誰でも考えると思います。人間とはいったい何かというと、まず、身体があるということを考える。人間存在の条件として、さしあたり身体を考えます。犬や猫の形をしていたら、これはやはり人間ではないと思います。もちろん体だけではダメであって、心というものがなければならない。人間存在というものは体と心でできている。これは誰でも考えることです。しかし、もうひとつ大事な条件があります。それは言葉というものです。人間というものは、やはり言葉がなければ人間ではない。体と心と言葉、この三つが人間存在の条件だと私は思います。もちろん道具も人間の条件ではないかと言われます。人間は道具を持っている動物だということが、近代の人間論では言われます。しかし道具というのは私は身体の延長だと思います。あのブルドーザーの先に付いている土を運ぶ部分は手の格好をしています。だから機械や道具は人間の身体を延長しただけであって、けっして身体と次元が違うものではないのです。

近代ヨーロッパの実証主義の哲学によりますと、人間の本質はホモ・ファベル（工作人）です。道具を持っていろいろな物を作るところに、今までと違う新しい人間類型が出てきたのだと言いますが、これは人間と人間以外のものを区別する上で本質的に重要な特徴ではないと思います。チンパンジーでも簡単な道具を使うことは心理学の実験でわかっています。要するに道具というのは身体を延長しただけにすぎない。心というものは身体と別な世界でありまして、身体や道具というものは、心を表現する手段です。心は顔にも出てくる。顔に正直に出てくる人と、ポーカーフェイスとかの差はあっても、とにかく表に出るのは仕方のないことであって、心の中だけに隠していられない。身体というのはやはり心を表現するのではないでしょうか。

ところがもうひとつの心の表現の場は言語です。体よりもさらに深い心というものの表現の仕方は言葉です。言葉がなかったら人間世界はないと言えるでしょう。われわれは生まれた時から言葉の世界に住んでいますから、言葉というものが何であるかがなかなかわかりにくいのです。言葉は空気みたいなもので、有るんだか、無いのだかよくわからない。たとえば、水は魚にとってあまりにも近いものだから、水が有るか無いかは魚には見えないと思います。魚に見えるのは、漁師だとか、ほかの魚だとか、舟といったものだけで、水そのものはおそらく見えないでしょう。なぜかといえば、水を出たら魚ではなくなるからです。同じように私どもは言葉の世界に住んでいる。言葉の世界を出ますとわれわれは人間ではなくなる。だからその言葉の世界は、有るのか無いのかはっきりしないわけです。言葉を対象化してとらえることがなかなか出来にくいというところがある。けれども言葉なしに人間はあり得ない。言葉があってはじめて人間があるのです。

簡単な例をあげますと、私たちはみなオギャーと言って生まれたでしょう。勇ましい産声をあげて生まれた。あの産声と共にあの中で私は生まれたのです。生まれてからオギャーと言ったというのは、外から見た人の説明にすぎません。そうではなくてみなオギャーと同時に生まれてくるのです。生まれて考えてからオギャーと言ったのではないでしょう。あの産声は、われわれの作りものではないのです。赤ん坊のものでもなければ、親のものでもない。それ以上の何ものかです。その個人以上の声なしにわれわれのこの存在はあり得なかった。この世にやって来る時にわれわれはみなあの言葉を発したのです。人間はみなオギャーと言って生まれる。オギャーは生命《いのち》というものが自分をそこに表現した言葉です。オギャーは、おはようございますというような言葉ではないのです。あるいは日本語でもドイツ語でもないのです。日本人でもドイツ人でもアフリカ人でもみな産声をあげます。仏教徒もキリスト教徒も無神論者も共産主義者もオギャーと言った。もちろん、それをオギャーと表現するのは日本語であって、アメリカ人やアフリカの人々は、それぞれ別な表現をしているでしょう。とにかくそういうさまざまな言葉によって表現されるような産声、根源的な声をわれわれは発した。その声が私という存在の初めだという、この事実はけっして否定できないのです。

そうすると私は生まれてから産声をあげたのではなく、この産声によって私が生まれたのです。われわれの存在の初めにそういう原始言語とでもいうべき言葉がある。それは私の上において響いている言葉だけれども、私個人の産物ではないのです。近代人というのはどうしても自分中心に自分を先に考えます。たとえば自分がきょうこの講座にやって来たとか、自分がここで話をしているというようにです。とにかくみな個人というものを一番先におきまして、これがいろいろなことをやるんだと考えます。だから言葉でも自分が言葉を語っているのだという具合になりますから、オギャーというのも私が言ったのだと思っています。たしかにそれは隣の子が言ったのではなくて、自分が言ったのだからそういう意味においては私の産声でありますが、それにもかかわらず私から由来する声ではないのです。オギャーと言うことによってはじめて私が私になった。言語というものはそういう私以前の地平なのです。言語というものは私個人よりも先なのです。そのことを『ヨハネ伝』は「はじめに言葉ありき」と言ったのだと思います。

もちろん歴史の中で出てきた言葉、たとえば現代日本語というのは昔の日本語と違うわけで、社会の中で次第に形成されてきたものです。あるいはギリシャ語やラテン語というものは過去の社会の言葉であるのに対して、近代ヨーロッパ語はたしかに近代社会の中で形成されてきた。言語学が考えたり、語学教育で教えたりする実際に使っている言葉、そういう言葉はこれはたしかに社会的歴史的な産物であります。人間が機械を作ったように、言葉もまた人間の社会で作り出されてきた。これはまったくそのとおりです。

けれども私が申しますのは、時間と空間の中でそういうさまざまな形をとっているものは、みな言葉だということです。その言葉それ自身というものは、人間存在以前に根源的にあるのだということです。そういう言葉というものの根源的な性質に、マックス・シェーラーというドイツの哲学者は注目して、言葉というものは言葉以外のどこからか出てきたというものではないから、「原始現象」(Urphänomen)だと言っています。普通に現象といえば、何かほかのものから出てきたもののことです。水が水蒸気になったり、お湯になったりするのは現象でありますが、それは水というものに対して熱が加わることから、二次的に生まれてきたものです。では言葉は何かから出てきたのかというと、実はそういう何ものもないのです。言葉は原始現象であって何かから出てきたということはできない。言葉の初めを求めていったら、そこにもうすでに言葉がある。その言葉の元を探すと、またそこにも言葉がある。そういう具合にどこまでいっても言葉の源へ遡ることができない。これが言葉は原始現象だということです。

私たちは毎日使っている言葉の正体をなかなか経験できずにいるのですが、言葉というものはその最も深いところで人間存在を支えているのだと思います。そういう言葉の姿を発見するということが、私たちが人間として、人間の本当の本質を実現することになるのだと思うのです。それが念仏の救済ということです。救いということは、往生し仏に成るということですが、仏に成るとはどういうことかと言うと、私が本当の私に成ることです。「これで私はもういい」。こうなることが救われたということでしょう。未練があったら救われたことにはならない。救われたということは、もはや迷わないということです。極楽往きが決まったということは、私の存在が完成の途についたということです。いつ死んでもお浄土だ。そういうことがあれば、私はもう何も言うことはない。それは私が本当の私自身になったということです。死んだらどうなるかわからないと言っている間は、私はまだ本当の私ではない、私自身になっていないのです。

そういう人間存在の根源的な完成、救いというものは、実は言葉への本当の関係によって成り立つのだということを、浄土教は教えているように思います。南無阿弥陀仏の名号に出遇うことで私は救われたわけです。私が完成への道に入ったということです。言葉というものの本当の姿に出遇ったら、私は救われる。逆に言うと南無阿弥陀仏がわからないと、私は本当の言葉に出遇っていないわけなのです。私たちは、虚しい、そらごと、たわごとの海の中を彷徨している。それが生死の迷いということなのでしょう。だからわれわれが救われるということは、本当の言葉に出遇うということです。だから言葉は私たちが考えているよりはるかに大事なのです。仏そのものです。逆に言うと、仏さまが言葉になっているのです。

私がいま申し上げましたようなことが、すぐにわかりにくいように思われるのはなぜかと言いますと、言葉というものは人間社会の生活のために使う手段だという考え方が非常に根強くわれわれを支配しているからです。誰か言葉を喋ったら必ずそこに人がいるでしょう。あるいは誰か独り言を言ったりしていても、誰かと話しているのかと思ったりすることがあります。それくらい言葉は人間の存在を予想しますから、言葉は人と人との間に交わされる意思疎通の手段だという考え方が非常に強いのです。

ギリシャの哲学者プラトンに、『クラテュロス』という対話篇があります。「ものの名前について」という副題が付いている対話篇ですが、その中に、言葉は人間同士が生活をするために仮に使う約束だという考えが出ています。言葉を言うということは、ある意味ではものの名前を言うことですから、名前を付けることです。そういう名前というものは仮のものであって、そのものの当体を言い表わさないのだという議論なのです。本当のことは別にあるけれども、それを表現する手段として仮に言葉を使う。言葉というものはせいぜいそういうものだという考え方が一方にありました。しかし、同時にやはり言葉や名前というものは、それが言っているものの本当の姿を言い表わしているのだという考え方が他方にある。この二つの考え方がなかなか折り合わない。この二つの考え方の調停をプラトンはやろうとしました。だから言葉は人間の約束事だという考え方は古くからあるわけです。

その考え方が十七世紀ごろからヨーロッパではいよいよはっきりしてきました。そのことを一番はっきり言った人がイギリスの哲学者でジョン・ロックという人です。ロックが書いた『人間知性論』に、言葉は社会的動物としての人間同士を結びつける紐だという考え方が出ています。言葉は人間社会のための手段であり、それ以上のものではないという考え方がこの英国経験論の哲学者によって言明されたのですが、この考え方が現代ではいたるところに広がって、もうほとんど常識になっております。ですから私が申していますような言語論はちょっとわかりにくいかもしれません。

しかし、もし言葉がそういう人間同士の間だけで通用するものに尽きるのだったら、南無阿弥陀仏は人間同士の意思交換として言うことではないのではないでしょうか。南無阿弥陀仏を称えることが、なぜ救いなのかわからないのではないでしょうか。南無阿弥陀仏は人間同士の意思交換として言うことではないでしょう。「おはようございます」とか「さようなら」ということは人間と人間との間で言うことだけれども、南無阿弥陀仏ということはAという人がBに対して言うことではありません。人間と仏さまとの間に通じる言葉です。ということは、人間は、言葉によって人間とだけ関係するのではなくて、人間を超えたものに関係するのだということがないと、南無阿弥陀仏が救いだということはわからない。そして実際にそうなのです。言葉の一番深いところでは人間は人間だけに関係しない。人間以上のものに関係するという次元が言葉の深みにはあるのです。

芭蕉の詩的言語

そのことをおわかりいただくために、私は詩というものがひとつの入口になると思うのです。たとえば芭蕉のような偉大な詩人の言葉というものは、これは人間と人間との間だけに関係する言葉ではないのです。こういうことを申し上げますと、おまえは南無阿弥陀仏と詩を混同している、文学と宗教を一緒にしているのではないかと思われる人がいるかもしれません。しかしそれは私が申し上げることをきちんと理解しようとなさらないからであります。何よりも俳句や詩についての先入観を持っていらっしゃるといけないと思います。普通の人々が詩や詩人についてどういうイメージを持っているかというと、詩人とは子どもみたいな人間だ、現実離れしたことばかり言っている、つまり空想や想像の世界に遊んでいるのが詩人である、だから詩的言語というものは現実のものではない夢物語を述べているのだ。たいていそのように思っているわけです。けれどもよく考えてみたら、詩はけっしてそうではない。その反対こそ、詩的言語というものの世界なのです。

菊の香や奈良には古き仏たち

という芭蕉の俳句があります。菊の花の盛りの季節です。奈良にやってきた芭蕉は、奈良のいたるところに咲いている菊の香りをかいで、あらためて目が覚めるように奈良そのものを感じた。飛鳥や天平の昔からたくさんの仏さまがあちこちのお寺にある奈良、そういう奈良のイメージが、これまた年々歳々奈良を包んできた菊の香りのイメージと溶けあっています。その菊の香りの中にある寺々の古い仏像、その仏さまたちは永遠の世界から現われてきて、そして今、エーテルのような菊の香の中に浮かんでいるというのです。蒼古というか何とも言えない荘重な感じのする俳句です。

この俳句をお読みになったら必ず菊の匂いがすると思います。「いや、私はもうひとつ匂いません」という方がいらっしゃるかもしれませんが、それは俳句の鑑賞に慣れていらっしゃらないからであって、俳句の鑑賞の訓練をやると必ずこの句から菊の匂いがしてくるはずです。これに反して植物辞典で菊という項のページをくりますと、菊というものはこれこれの花だと説明してありますが、それを読んでみても菊の花を思い浮かべることはできない。花びらが何枚あって、葉が緑でとか、そんなことを細かく知っても、菊の花がすーっと浮かんでこないでしょう。けれどもこの俳句を読みましたら、菊の匂いがして、菊の形も見えて来るはずです。

それは、俳句というものが、普通われわれが日常生活で使っているような言葉とはまっく違う次元の言葉だということを物語っているのです。そして言葉がそういうはたらきをする世界が厳然とあるということを、芭蕉はここで実証したのです。つまりこの「菊の香や」の中に実際の菊があるわけです。「奈良には古き仏たち」という「奈良」という言葉でもそうです。観光案内所のパンフレットにある奈良という言葉はたんなる記号ですが、この俳句の奈良という言葉の中には実際の奈良がある。同様にこの俳句の仏という言葉の中には実際の仏がある。つまりこの俳句の中では、言葉とその内容とが別ではないのです。そういう言葉の出来事を詩というのです。それはこの俳句を読んだら、みなさんが奈良を想い浮かべることができるというところにその証拠があるのです。これはわれわれが日常の生活で使っている「奈良」とは違います。たとえばこの間奈良へ行ってきた。奈良というのはこういうところで、ああいうところであったといろいろ説明をしてもらっても、なかなか実際に奈良というものを目に浮かべることはできないでしょう。それは日常の言葉だからです。けれども詩の言葉はそういう説明とは違う言葉です。

いったい言葉には三つの次元があると思います。言葉の第一の次元は日常生活の言葉です。日常生活というのは、実用の言葉を使っている場所です。実用の生活の中で何か目的を持たない言葉はひとつもないのです。たとえば私がここで「ちょっと休ませていただきます」と言ったら、みなさんは出ていかれるでしょう。この言葉は、みなさんがそういう行為をとられることを目的にしているわけです。もしみなさんがくつろがれなかったら、私はもう一度「ちょっと休ませていただきます」とくり返して言わなければならない。ということはみなさんがお休みになったら、私の言葉はもうお払い箱になって捨てられてしまうのです。つまり死んでしまう。日常生活という世界はいったいどういうところか。日常のわれわれのやっている生活を反省しますと、それはいろいろなところで言葉が生まれて死んでいるところだと言えます。「この本はいくらですか」「千円です」と言われて、千円出せばもうその「千円です」と言った言葉は死んでしまいます。もし出さなかったら、「千円です」とまた言わなければならない。千円出しましたら、「千円です」と言った言葉はもう邪魔になるのです。

だから日常生活という世界は言葉なしにはすみませんが、同時に言葉が邪魔になる世界なのです。その言葉がいつまでも残っていると成り立たない世界です。そういう言葉で私たちの平生《へいぜい》の生活はできている。どんな親しい人との間、どんな疎遠な人との間でもそういう言葉でできている。言い換えたら言葉が生まれては消え、消えては生まれるというところが、実生活という世界です。そういう言葉はあくまでも生活の道具です。実際のものを外から示しているだけであって、そのものそれ自身になってはいない言葉です。それが日常語の世界の構造です。

しかしながら人間の世界でも愛の関係になりますと、言葉はそういう実用語ではなくなってまいります。愛する人に言う言葉、親が子に言う言葉は、そういう実用性というものが極少になってくる。もちろん親子の関係でも、息子が親からこづかいをせしめる時に言うような言葉は実用を目的にしているから、そういう言葉も発言しますが、親子の愛が親密になると違ってきます。たとえば死んでゆく親に子どもが言う言葉とか、死んでゆく子どもに対して親が言う言葉は実用なんか目的にしていないでしょう。言葉それ自身が目的になっているような言葉がそこに出現いたします。人間同士の愛の経験とか死別の経験、そういうものはやはり人間の言葉が実用性を失ってくるところです。言葉が目的そのものになってくるのです。しかし、普通のわれわれの世界、愛というものがないところで使われる言葉は、必ず手段になっています。

ところが言葉には第二に概念語というものがあり、これは日常語と次元が違います。概念語とは学問や思想の世界で出てくる言葉です。これは実用を目的にはしていないのです。ものの本質を言葉で言おうとする、それが学問というものです。学問は政治と違うのです。政治的言語は必ず実際の目的を持っていますから、政治家は言葉をうまく手段として使える人のことです。いつも本音を言っておりましたら政治家として成功しない。革新政党であろうが保守政党であろうが、政治という次元はいつも手段的言語をうまく駆使できることが大事になる。政治という次元では言葉はいつも手段です。これは人間が身体をもって社会の中に生きているかぎり政治というものは必要になりますから、どうしても仕方がないことです。しかし人間は政治的言語、日常的言語だけではすまない。先ほど言いました愛という関係があるからです。政治家は議会の壇上では政治的言語を駆使するけれども、たとえば彼がひとり息子を死なしてしまうような時には、彼はその死んでゆく息子に対して、議会で使うような言葉はけっして言わない。自己目的性を持った言語を言うに違いない。そこにわれわれの世界というものは、たんに実用語の世界だけではないということが証明されているわけです。

学問の世界もまたたんに実用語の世界ではありません。概念語というのはたんなる手段としての言語ではなく、ものの本質を言っている言語です。学者というものは本音を貫徹しないと、本当の学者にはなれないと思います。もちろん学者でも学長をしたりすることもあります。しかしその学長さんが学長的な考え方を自分の研究にまで持ち込んだりしたら、これは学者でなくなるのです。研究の中では彼はどこまでも本質的言語を使うはずです。人間社会をあつかう社会学とか政治学や法学、歴史学という学問であっても、やはり真実というもの、真理というものを相手にしなければならない。真理を相手にする仕事では、政治的言語は通用しません。そのものが真であるかないかということを確認してそれを表現するということが学問の言語です。

ところがこのような言葉の二つの次元のさらに根底にあるのが、先に言いました詩的言語の次元です。これは自然と関係する言葉の次元です。「菊の香や奈良には古き仏たち」という言葉は、芭蕉が菊について誰かに説明しているのではないのです。菊そのものをここへ提示したのです。この言葉は、奈良について「奈良とはこういうものですよ」と言って私たちに説明しているのではないのです。奈良そのものを端的に、ここに出しているのです。ということは菊の言葉を芭蕉は聞いたのです。奈良の言葉を聞いたのです。純粋な詩の世界というものは社会的人間の言葉ではありません。菊が言っている言葉を聞きとり、奈良というものが言っている言葉を聞く人が詩人です。

この俳句で芭蕉は私たちに、言葉というものは、その最も深い根源においては人間と人間との関係ではなくて、人間と自然との関係なのだということを証明してみせました。それは芭蕉の意見ではないかとおっしゃるかもしれませんが、けっしてそうではない。私たちがもしこの芭蕉の俳句に感動したら、その時私たちも奈良や菊の声を聞いたことになるのです。この芭蕉の俳句の中に、この芭蕉の俳句を手だてにして、私たちもやはり菊の言葉を聞いたことになる。奈良の言葉を聞いたことになる。それが詩と呼ばれてきた人間の営みの正体なのです。一口に言葉と言いましても、日常生活の「おはようございます」とか「この花は高いですね」とかいう言葉とは違う世界が詩的言語の世界の中に現われているわけです。

芭蕉の偉大さはそういう世界を発見したというところにあります。人間が自然と話をするような世界を発見したということです。しかし芭蕉以前の俳諧はそうではなかったのです。たとえばいろいろな駄洒落《だじゃれ》を言っていた談林派俳句は、人間と人間との間に通用する言葉だけを使っていました。そういう状態にあった俳諧を、芭蕉が正風という正しい俳諧、本当の詩の次元に高めたのです。芭蕉の偉大さは実に自然の声を聞いたところにあるのです。言語というものは実に不思議なものだ、人間が使う言語というものにたかをくくっていてはダメだということを、芭蕉はわれわれに教えたのです。われわれは言葉の世界は人間同士の世界だけだと思い込んでいたが、実はそうではなかったということを彼は発見した。芭蕉はその俳句によって、人は自然と話をすることができるのだ、言葉というものは宇宙に通じるのだということを実証して見せたのです。それが詩的言語の不思議というものです。

　しらつゆもこぼさぬ萩のうねりかな

という俳句があります。白露をいっぱいつけている満開の萩の枝が朝露の重みでうねったようになっている。一滴も白露をこぼさない朝の萩の姿です。眼前に白露をつけた萩が浮かんできますね。ぼんやり浮かんでくる人もいれば、ありありと浮かんでくる方もある。これは生まれつきと訓練によっていろいろ違うわけですが、ぜんぜん浮かんでこないということはないと思います。「萩とはこういうものですよ」と説明されたり、植物学辞典で萩の箇所の説明を見たって目の前に萩は浮かんでこない。水蒸気がどうとかこうとか説明されても抽象的でよくわからないけれども、この俳句を読めばやっぱり目の前に白露の萩の花が浮かんでくるはずです。「こぼさぬ」という言葉も、これは「ちょっと君、水をこぼすなよ」という時のこぼすという言葉とはまったく違うのです。「水をこぼさないでください」と言う時の「こぼさない」という言葉は、そこへ水が落ちて汚れないようにという実用の目的を持った言葉だから、その言葉は手段にすぎません。しかし、ここの「こぼさぬ」はそうではないのです。萩がいかにも大事そうに露を乗せているその有様を言うのが、この言葉の全目的です。このこぼさぬという言葉は、実際萩の上に白露がいっぱい乗っているというその事柄、そのものと一つになっているのです。からっぽの言葉ではなくて、その中に実際のものを持っている言葉です。物で充実している言葉です。

充実した言葉を使った時、充実した言葉に出会った時、われわれは喜びを感じるし、喜びを与えられるのでしょう。お説教を聞いて、われわれが平和になるのは、そのお説教が充実した言葉だからです。阿弥陀さまの本願をそのまま運んでいるような言葉、そういう言葉によってわれわれの心は本当に和むのではないでしょうか。もしなんらかの理由で阿弥陀さまの本願を運んでいないような言葉だったら、それはやはり気持が良くない。それはそらごとですね。別に自分でウソを言ってやろうと思って、騙してやろうと思って言っている言葉ではなくても、そういう言葉はそらごと、たわごとになってくる。そういう次第で、私たちは一口に言葉と言っておりますが、言葉は実に不思議な世界だということを、この芭蕉という偉大な詩人の作品はわれわれに教えているのです。

言葉の深み

われわれは詩というものを何か夢物語のように思いがちです。特に近代という時代はそうです。しかし昔はそうではなく、ヨーロッパでも日本でも詩人に非常に高い地位が与えられていました。それはなぜかというと、小説家は人間と話をするだけですけれども、詩人は人間以外の森羅万象、神々と話をする。散文と詩の違いはリズムの有無という違いもありますが、それよりももっと大きな違いは、詩というものはやはり自然と話をする言葉の営みだという点だと思います。小説は人間の世界を書いている。それに対して、詩人は人間とも話をするけれども、人間以外のものとも話をする。言い換えたら、言葉の世界を、その一番の深みから経験しようとするところに詩というものがあるのではないかと思います。

そういう詩的言語の構造が、本願は仏さまの呼び声だという真理、仏さまは言葉になっているという深い真理を理解するひとつの手がかりになるのではないかと私は思います。実用的言語からいきなり名号の世界へいく通路はどこにもないと私は思います。言葉は人間の約束事でしょうということだったら、南無阿弥陀仏も人間が言うことでしょう、ということになる。そうしますと南無阿弥陀仏に救われるといっても、救われたと自分で思い込むだけの主観的なことになります。でも救われるということは救われたと自分が思っていることではありません。仏さまに救われると自分で思い込んでいることと、実際に救われることは別なことです。南無阿弥陀仏の名号に本当に出遇ったら、主観的な自分の思いなどはいらなくなってくるのです。人間の言葉はいらなくなってくる。そういう名号の客観的な世界を理解するのに、芭蕉のように偉大な詩人の言語経験がひとつの手がかりになるのではないかと思うのです。これは、芭蕉が浄土真宗の信者であったかどうかというようなこととは関係のないことです。ただ名号の不思議ということを教えてくれるひとつの手がかりになるのではないかと思うのです。

真理が人間に現われるには言葉を通すしかない。弥陀の本願は南無阿弥陀仏という言葉になるしかなかった。言葉になってくださったからわれわれは仏につながることができる。妙好人の浅原才市《さいち》は、「仏さまはどこにおられるか」と尋ねられて「今はお留守でございます」と答えた。そしてしばらくして、「ナマンダブ」と言って、「今お帰りになりました」と言っています。これは南無阿弥陀仏の名号こそ仏そのものだということです。南無阿弥陀仏が出ない時は仏さまは、お留守の状態であって、南無阿弥陀仏が出たらまた仏さまはお帰りになったというわけです。だから浅原才市は私は阿弥陀さまと一緒にお寺参りをするんだとノートに記しています。信心のない人は阿弥陀さまは本堂にいらっしゃると思っている。あるいは、家の仏壇にはいるんだけれども、家にいない時や、外で働いている時には、阿弥陀さまと別になっているように思いがちです。浅原才市はそうではなくて、阿弥陀さまと一緒にお寺に参って、阿弥陀さまと一緒に家に帰ってくる。どこに行っても南無阿弥陀仏と一緒だということを言っています。

これは仏というものは南無阿弥陀仏以外にない。南無阿弥陀仏で私と仏とは一体であって、切っても切れない。だから阿弥陀仏ではなくて南無阿弥陀仏が仏さまです。阿弥陀仏として向こうに立っておられるのではなく、南無阿弥陀仏という仕方で今ここにおられるのです。南無というのは、帰命《きみよう》だから、一応わたしたちが帰命するということでしょう。しかし帰命とは、親鸞聖人によれば「本願招喚の勅命」だと、『教行信証』に記されてある。阿弥陀さまが私を呼んでいることが帰命だ、だから帰命ということも、私の方から始まるのではなくて、阿弥陀さまの中にもとから含まれているというわけです。向こうに立っていらっしゃるのではなく、とっくにこちらへ来ている姿のことを南無阿弥陀仏と言う。阿弥陀さまには自我というものがないから、最初からこちらへ来ていらっしゃる。向こうにじっと立っているのではない。私と仏さまとは、対立しているのではないのです。対立しているのは浄土真宗ではありません。対立しているような仏さまは私と一体ではないから、どこまでいったって、私との間に距離が残ります。

会津八一という有名な歌人に奈良のどこかのお寺の薬師如来を詠んだ歌があります。

ちかづきてあふぎみれどもみほとけの
　みそなはすともあらぬ寂しさ

この歌は歌としては、よい歌ですけれども、仏さまはじっと向こうに立っておられるだけで、私の悩みや私の苦しみをご存じなさそうだという、なんともいえない近代人の孤独の表白です。仏の世界が遠くなってしまった近代人の孤独を表現している歌でしょう。仏さまに近づきたいと思っている。けれども仏さまのほうはその私をまるでご存じないかのようにじっと静かに立っていらっしゃるだけだ。これは南無阿弥陀仏の世界ではないと思います。この歌では仏さまの方に南無がないわけです。私たちが来るのを待っているだけのことであって、仏さまの方から私の方へ来るということがないから、南無がないのです。こちらに南無がありましても、向こうにはないから、こちらの南無は向こうへはとどかない。

けれども南無は向こうから私を呼んでいる姿だということを親鸞聖人はおっしゃったから、阿弥陀仏の方に南無があるのです。つまり私のすることを向こうが先にしてくださっているということが、そこに現われている。それはどういうことかというと、こちらの側に来ているということです。真如《しんにょ》の世界からこの世界へ来る。色も形もない世界、人間の思いも言葉もとどかない法《ほっ》性法身《しょうほっしん》の世界が向こうにじっとあるのではなくて、人間のこの苦しみを放っておけなくて、悲しみとなって、言葉が仏の方に生まれて来るのです。なぜ仏が南無阿弥陀仏になるかというと、それは仏の大悲心です。私たちの生死の苦を悲しいと思う阿弥陀さまの心が、名号という言葉になる。言葉の原初は、自分を捨てて相手の身になるという仏の自己否定であります。

　人間でもそうでしょう。子供の苦しみを知っている親はやはり子供に言葉をかける。人が悲しんでいたらその人に言葉をかけるというのが人間のする自然なことです。しかしそうは申しましても、阿弥陀さまも人間がするようにそうするのかと思いますと間違いです。それは人間の世界から類推して仏のことを言っているのではないかと思うかもしれませんが、実はけっしてそうではない。たとえば親が子供の姿を見て悲しいと思って、子供を放っておけなくて言葉をかけるということは、それは仏さまのすることを真似しているのではないでしょうか。大悲という大いなる自己否定を本当にできるのは仏だけです。その仏さまの慈悲の世界の影がふと射したのが、人間の親が子に対する愛、親が子に言葉をかけるということではないかと思います。だから仏さまが呼びかけるということを擬人的に考えてはいけないのです。現代人はどこまでも人間を中心に据えますから、人間に似たような存在として仏さまを考えることになる。だから仏心といっても、あれはみな人間の世界のことをたとえて言っているだけではないかというふうにとりがちですが、そうではありません。

芭蕉の俳句はけっして比喩とかたとえではないのです。そうではなくて、実際に菊の匂いがこの俳句からすーっと匂ってくる。本当にいい菊の詩からは菊の香りが匂ってこないわけがないのです。私も俳句をやっておりますから、その経験から申しますと、失敗した俳句というのは、物について作者が説明しているだけの言葉です。

松茸や知らぬ木の葉のへばりつく

これも松茸というものが目前にすーっと浮かんでくる。われわれが日ごろ考えている松茸と、この俳句の中の松茸と、どう違うかといったら、われわれが店頭で見ている松茸は本当の松茸ではない。「これは、今年は高価だろう」とか、そういう実用的な目的をもった気持で見ているからです。ところが芭蕉のこの俳句は、本当の松茸というのはこういうものなのですよ、ということをわれわれに教えているのです。君たちは生まれてから松茸を何年も見てきてよく知っているつもりかもしれないが、残念ながらまだ本当の松茸の姿というものを見たことはなかったのだ、ということをこの芭蕉の俳句は私たちに教えてくれる。これは芭蕉の「松茸」という言葉が本当に松茸そのものをその中に宿しているからです。

「木の葉」という言葉でも同じことです。誰でも木の葉は知っています。しかし木の葉と言いながら私たちはあまり木の葉を見ていないと思います。たかが木の葉ぐらいに思っているのではないでしょうか。うるさい木の葉で毎日掃かなければならない、と思って実用的な目的を先に考えますと、もう木の葉の本当の姿は私たちの目から見失われるのです。木の葉を本当に経験できないのです。木の葉、木の葉と言っているけれども、木の葉の本当の姿を自分はまだ見たことがなかったな、ということを芭蕉のこの俳句を読む人は思い知らされます。松茸にへばりついている薄みどりの木の葉がまるで宝石のように見えてきます。光を放った不思議なもののように見えてきます。どれだけわれわれの科学技術が進んでも、一枚の木の葉も作れないでしょう。この句の中の木の葉は全宇宙の命というものをその中に凝集したようなものとして、燦然と光り輝いています。

「ものの見えたる光、未だこころに消えざるうちに言ひとむべし」と芭蕉は俳句の方法を教えています。すべてのものは光芒を放つ瞬間があると言うのです。その光芒を言葉に言い止めるのが俳句だ。ものの見えたる光、木の葉も松茸も光を放っている。われわれが平生、たかが木の葉と思っている時にはそういう光を見ていないのですね。我を捨てないと光には出会えない。芭蕉は、われわれが平生当り前のものと思ってすこしも驚かないでいるその当のものが、まだ言葉のないところから現われてくるその瞬間の光、それをすかさず言葉にするのが詩というものだと教えているのです。

人間のことを詠《うた》った場合でも同じことです。たとえば蕪村の俳句を例にとりましょう。

初冬や訪はんと思ふ人来たり

冬の初め、ある知人を一度訪ねてみようと思っていたら、ちょうどその人が私を訪ねてきたという、そういう意味ですが、いかにもよく初冬の感じをとらえた俳句です。この俳句の中では、ひとりの人間が芭蕉の言う「ものの見えたる光」です。自分がよく知っている人が不思議なもののように表われてきて、私を訪ねてきたという。だから光を放つのは何も木の葉や菊だけではなくて、人間だって私たちの前に光芒を放っている不思議な何ものかなのです。

親子夫婦でも、私たちは慣れてしまいまして、ついつい、けんかしたりしますが、考えてみたら誰もみな見知らぬ人なのでしょう。親だといってもいつまでも一緒にいるわけではない。親が亡くなってしまったらどこへ行ったかわからない。自分の子供でも小さい時から育ててきて何でも知っているように思っていますが、その坊やが突然死んでしまったら、あの子はどこへ往ったんだろうか、私の手のとどかないところへ往ってしまった、あの子は誰だったのだろう、あの子は何者だったのだろうかと、そういうことになるでしょう。そうしたら毎日、親しんでいる親子や夫婦という人間の存在だって実は私にとっては何者かわからない不思議な存在です。不思議なご縁をもってこの人生で出会っているということは、芭蕉が言う光芒を放って流星のようにわれわれの前を通りすぎるのでしょう。親子夫婦だけでなく、すべての人々は、私の前を一瞬光を放って通りすぎる星なのでしょう。私自身の方も、その人々にとってはやはり光を放って通りすぎる星でしょう。それをわれわれは平素は心の緊張を失っておりますから、いつまでもそこにいる、光も何も放たない当り前の存在だと思っていますが、実はそうではない。そう思いこんでいるのは、私たちの方のおごり高ぶりであって、実際は真実というものを知らないからにすぎない、そういうことに違いないと思います。

芭蕉は別に仏教のドグマを説いたわけではないのです。われわれは無数の不思議なものの中に取り巻かれてこの世に生きているんだという事実のことを言ったのではないでしょうか。芭蕉の俳句は、言葉というものは不思議なはたらきをしている、言葉というものは実にわれわれが平生思い込んでいる世界とは違う計り知れない深みを持っているんだ、ということを教えてくれると思うのです。

本願の海鳴り

最初に申しましたように、親鸞聖人は阿弥陀の本願は『無量寿経』の中に説かれていると教えられました。つまり人間の言葉で書かれたお経の中に、人間を超えた仏の真実というものを発見されたのです。『無量寿経』がなかったら、私どもは阿弥陀の本願に出遇えなかったでしょう。そしてそれに従った七高僧の伝統を親鸞聖人は非常に尊敬されたのです。「正信偈」の中に「如来世に興出したまふ所以は、ただ弥陀の本願海を説かんとなり、五濁悪時の群生海、まさに如来如実の言を信ずべし」と言う。お釈迦さまはいったいこの世にお出ましになって何をなさろうとしたのか。釈尊は、『法華経』も『華厳経』も説かれたし、『般若経』も説かれた。けれども、とどのつまり、お釈迦さまがお説きになったのは、一切の衆生が救われていく弥陀の本願だったのだということです。一切の衆生が無条件に救われていくという弥陀の本願海を説くために、この世に来られた。もし条件を私に示すような教えだったら、それは真実ではないでしょう。本願を信じて名号を称えるということは人間にとって一番やさしいことです。南無阿弥陀仏を称えることが難しいということはないと思います。これに比べたらほかのことはみんな難しい。ことごとく条件だからです。けれども南無阿弥陀仏を称えるということは無条件ということです。人間にとっていわば極少の行です。なぜ極少の行で助かるかといったら、如来がわれわれの行をしてくださるからです。「大行《だいぎょう》とは無碍光如来のみ名を称するなり」（「行巻」）と言われるゆえんです。南無阿弥陀仏を称えるということは、人間の行ではなく、もともと仏さまがされている行というものが私たちに来ることだからです。自力の行ではないから大行と言われるのです。その大行を、私たちの行として与えてくださった姿を南無阿弥陀仏というわけです。

阿弥陀の本願は名号にほかならないということを説いてくださったのが、釈尊の言葉、つまり『無量寿経』です。弥陀の本願が名号となっている。名号は原始言語です。仏さまが形をとった言葉です。仏さまが言葉だという真理を誰が教えてくださったかといえば、お釈迦さまが教えてくださったのです。そしてお釈迦さまはどういう仕方でこれを教えたかというと、言葉で説くことによって教えたのです。

ここのところ、本願の名号とそれについてのお釈迦さまの説法との関係のことを、親鸞聖人は『歎異抄』第二章の中にこういう言葉でおっしゃっています。「弥陀の本願まことにおはしまさば、釈尊の説教虚言なるべからず」。阿弥陀さまの本願がウソでなかったら、それについて語ったお釈迦さまの説法、すなわち『無量寿経』はウソではないということです。阿弥陀さまの本願がウソではなかったら、お釈迦さまがウソをおっしゃるわけがない。

これはいったいどういうことでしょうか。本願の世界がもし言葉のない世界だったら、お釈迦さまも人間であり、人間の言葉で語るわけだから、お釈迦さまの説法もお釈迦さま個人の思想にすぎないではないかと疑ってみることができるでしょう。もし真理というものが言葉と何の関係もない超越的世界だったら、いくらお釈迦さまの言葉といっても、やはりその真理を宿していないということになりはしないか。そういう疑問が残ります。けれども親鸞聖人はそうおっしゃってはいない。阿弥陀の本願がまことだったならば釈尊の説法もまことである。つまり釈尊の説法がまことであることの証拠は阿弥陀の本願がまことであることにあるとおっしゃっている。これはどういうことかというと、釈尊の言葉のまことは、阿弥陀の本願がそのまま流れ出たようなまことであって、この二つの間にはすこしの屈折も変容もない、ということを言っておられるのです。

それは本願がすでに原始言語というべき性質を持っているからでありましょう。なぜなら阿弥陀さまの本願とは、言葉なき何かではなくて、それ自身ひとつの言葉だからです。名号だからです。言い換えると、阿弥陀さまはお釈迦さまに原始言語をもって語りかけたのです。お釈迦さまは本願の呼び声をお聞きなさったのです。本願海の鳴っている声をお釈迦さまはお聞きになった。

本願というものは沈黙していたのではなく、宇宙に充満した言葉で鳴っていたのです。お釈迦さまにはそれが聞こえた。真実、真実と言いましても本当の真実はわれわれに語りかけるものなのだ。真実とは真言です。親鸞聖人が「弥陀の本願まことにおはしまさば」とおっしゃっているその「まこと」とは真の事《こと》であると同時に真の言《こと》だということです。つまり本願は名号であり、名号が本願だということが最初にある。釈尊は深い禅定《ぜんじょう》と瞑想の中で、本願海の鳴っている声を聞いたわけです。罪悪深重の一切の衆生をそのままで救おうと言っている、本願の声をお釈迦さまは聞かれたのです。本願の海鳴りのようなものを聞いたのです。

なぜそれが聞こえたのか。お釈迦さまが無我になっていたからです。我を捨てたから宇宙の慈悲の言葉が聞こえたのですね。人間の言葉ではなくて、仏の言葉、言葉そのものの語りを聞いたのです。本願の名号というものは言葉そのものの語りです。人間の言葉ではなくて原始言語であります。

仏さまの言葉というと、仏さまがいて、それが語るというように考えがちですが、ハイデッガーは「言葉が語る」ということを言っています。言葉が語る。もちろん人間が語るのですが、その人間が語れるのは、まず言葉が語るからだ。言葉が語るといっても、言葉には言語能力も音の分節器官も備わっていないのだから言葉は語れないだろう。人間以外に言葉を語るものはいないではないかとわれわれは普通考えます。しかし、われわれが語るということの一番根底にあるのは、言葉が語るということです。言葉が語らなかったら人間が語ろうと思ったって語れないということを、ハイデッガーは言ったのです。その言葉が語るという世界が名号という世界だと理解することができるように私は思います。言葉が語るということを仏が語るという具合に表現してもよいと思います。

私は現代の思想界の中で、ハイデッガーという哲学者の最も洞察的な点のひとつは、実に「言葉が語る」ということの次元を発見したところにあると思うのです。言葉が語るということを聞いた時に、人間は本当に言葉との正しい関係ができるのではないでしょうか。弥陀の本願を信じ、南無阿弥陀仏を称える私どもは、言葉が語っている世界に参加するのです。言葉そのものが語っている次元のことを、「弥陀の本願がまことだ」と親鸞聖人はおっしゃっているのだと思います。

そういう次第で、阿弥陀の本願はやはり言葉によって、はじめて伝わるということです。原始言語は人間の言葉の中に来るのです。だから逆に言うと、説法を通さないとわれわれは阿弥陀の本願に出遇うことはできないということですね。人間の言葉というものは不思議なはたらきをするのです。人間がなんらかの仕方で自我のはからいを捨てるというところに出ると、その言葉は真理を伝えるのでしょう。言葉を捨てると、人間は人間ではなくなる。言葉を絶した世界に飛び込めと言われても、言葉のない世界に入ったら人間は陸へ上った河童みたいになります。人間は言葉の中ではじめて人間なのです。そうすると、人間を救うものはやはりどこまでも言葉なのだということがわかると思います。そういうことをやはり阿弥陀さまはちゃんとご存じなのではないでしょうか。だからご自分から言葉になってくださった。名号がなかったら、われわれはどちらに向いて仏をさがしていいかわからないでしょう。煩悩は私を取り巻いている。こちらへ向いたら仏に出遇えるかと思ったら、そっちもやはり煩悩の壁になっている。その壁を向こうから破ってくる言葉があるから、われわれは救われるのです。如来を信じることは如来の言葉を信じるということです。われわれはこの世でウソの言葉の世界に生きておりますから、仏さまも念仏だけで救おうなんて本当は無理なんだけれども、難しいことを言ってもわからないから、仮にそう言ったのではないか。そういうふうにわれわれは思いがちですが、それはたいへんな思い違いであります。仏さまが救うとおっしゃったら救う。われわれは本当の言葉によってのみ救われるのだと思います。

先ほどの芭蕉の句でも、たとえだと思ったらいけないのです。菊の言葉を聞くとかというと、たいてい比喩のように考えがちなのですね。菊というのは秋に咲く植物であって植物が言葉を語るわけがない、言葉を語るのは人間だけだと私たちはかたくなに思い込んでいますから、菊がものを言うなんて夢物語か子供だましみたいなものだと思っている。しかしそれなら、仏さまが語ると言ったってやはり夢物語のようになるのではないだろうか。仏さまが私を呼んでいるといったって、それはたとえではないのか。しかし仏さまが呼んでいるようにも思えるというのでは助からないのです。仏さまの声が本当に聞こえなければならない。仏を信じるということは、「おまえを必ず救う」と言っている仏の声が聞こえたということです。聞こえたら助かる。聞こえたことが助かったことです。これはけっして比喩ではありません。仏さまがわれわれを呼んでいるということはけっして比喩ではない。親鸞聖人が、帰命とは「本願招喚の勅命」だと言ったのは、仏さまが私を呼んでいるように思うということではないのです。文字どおり実際に呼んでいるという厳然たる事実を言っているのです。

芭蕉という詩人は、われわれに言語というものの驚くべき不思議さを教えてくれたように思います。政治的言語や日常の生活の言葉だけが言葉のすべてではないということを、この詩人は教えております。言葉はなんという不思議なものかということを教えたのです。人間は真実の言葉によってのみ救われる。もちろん、この俳句を読んで私たちは完全に救われたりはしないでしょう。けれども利害打算の世界をすこしでも離れることはできると思います。逆に言うと、損得ばかりにこりかたまっていると、この俳句はわからない。いつも損得ばかり考えている人には詩がわからないのです。そういう人が俳句を作っても、どこか俗っぽい俳句になる。芭蕉の芸術が宗教的な深みの次元に達し得たのは、芭蕉にそういう功利の考えがなかったからだと思います。芭蕉は一生漂泊の旅をやった人で、旅の中で死んだ人です。子供も家も何もない。弟子たちはいたけれども、現代の宗匠俳人のようにたくさんお弟子をかかえて、それで満足しているような生き方ではないでしょう。そういう芭蕉の芸術には、たんに芸術ではなくて宗教の世界に通じていくような消息があります。

芭蕉の開いた詩というものは、言語宇宙の底知れない深さに私たちを覚醒させるはたらきをしているように思われます。常識を超えた言葉の世界の不思議です。そして芭蕉の俳句が開いたような世界をもっとどんどん深めていって、それを超えたもうひとつの深みに、南無阿弥陀仏の名号の世界があるのではないかと私は思います。

あとがき

親鸞の浄土教について、いろいろな場所で話をすることを求められたことがあった。本書はそういう機会に行なった講演の中から、比較的最近のものを六つ選んで収めている。六つの講演のうち、Ⅰに収めた三篇は、いずれも朝日カルチャーセンター（大阪）での講演原稿に大幅な加筆訂正を行なったものである。またⅡに収めた三篇の講演は次の通りである。

「人間と言葉」　一九八八年七月六日　第二十一回顕真館公開講演
（『りゅうこくブックス』№46、龍谷大学宗教部、所収）

「名号の宇宙」　一九八九年十月三日　龍谷教学会議第二十五回大会記念講演
（『龍谷教学』第二十五号、龍谷教学会議、所収。原題「浄土真宗の現在」）

「芭蕉と親鸞」　一九八九年十月二十八日　浄土真宗教学研究所公開講座

本書における著者の立場について一言すれば、浄土教の思想を出来るだけ現代人の普通の言葉で考え、かつ言い表わしたい、という気持が基調になっている。というのは、浄土真宗の教えそのものと、これを伝達する言葉との間のずれを感じさせられる場合が多いからである。教義や教学の概念はあっても、生きた言葉としての機能を発揮していないことを感じる。

これは浄土真宗だけでなく、今日すべての伝統宗教が直面している根本の問題ではないかと思う。仏教でもキリスト教でも長い歴史の伝統を持っている。伝統というものは、その中で信仰が概念化される場所であって、教義や教学がそこに生まれてくる。教学の概念体系は信仰を保存する衣服のようなもので、それがないと信仰は消失してしまう。しかし同時に、そのような保存はどうしても信仰の生命を固定しがちであり、場合によっては窒息させる危険をたえずともなうわけである。そして現代では、特にこの危険が目立っているように思われる。たとえば、「本願」「往生浄土」「回向」「往相」「還相」「名号」などの根本語が、それらが本来言い表わしている事柄そのものから遊離して、それだけでひとり歩きすることがある。言葉が物の代用をするわけである。そうなると、宗教は硬直した教条主義か無気力な因習にならざるを得ない。

仏教をこのような危険から守るには、伝統されて来た教義の用語をもう一度その発生の源泉にまでもどして、そこから言葉を新しく語りなおそうとする試みが必要である。概念から概念へと横這いするのではなく、概念の殻を破って、その内部にある言葉のエキスをしぼり出すことである。言葉を言葉として感じることだと言ってもよい。そういう思いが最近の著者には通切になっている。

十九世紀のドイツの詩人ヘルダーリンは、『帰郷』と題する詩の中で、「聖なる名が欠けている」という暗示深い句を記している。聖なるものについて種々の言葉が語られて来たけれど、聖なるものそれ自体を宿しているような真に生きた言葉、つまり名がないのが現代世界の状況だ、とハイデッガーはこの詩句を解釈している。聖なるものがないのではない。聖なるものが無名となっているのである。これはヨーロッパだけのことではなく、われわれの社会のことでもあると思う。

本書が出来上るまでには、編集の労をとっていただいた法藏館の池田顕雄氏、そして原稿整理をしてくださった何人かの人々の好意ある助力があった。ここでは一々その名をあげることはしないが、これらの人々に心から感謝の意を表したい。

一九九〇年九月

大峯　顯

大峯　顯（おおみね　あきら）

1929年奈良県生まれ。59年京都大学大学院文学研究科博士課程修了。71〜72年文部省在外研究員としてハイデルベルク大学留学。76年文学博士。80年大阪大学教授。龍谷大学教授、浄土真宗教学研究所所長、放送大学客員教授を経て、大阪大学名誉教授。専攻、宗教哲学。俳人（俳号・大峯あきら）、「毎日俳壇」選者。2018年逝去。

著書に『フィヒテ研究』（創文社）、『花月の思想』（晃洋書房）、『親鸞のコスモロジー』『親鸞のダイナミズム』『宗教と詩の源泉』『蓮如のラディカリズム』『花月のコスモロジー』『永遠なるもの』『宗教の授業』（法藏館）、『西田哲学を学ぶ人のために』（編著、世界思想社）、『本源海流』『高僧和讃を読む』『正像末和讃を読む』（本願寺出版社）、『自然の道理』『宿業と自由』（百華苑）など多数。句集に『紺碧の鐘』『吉野』『宇宙塵』『群生海　大峯あきら句集』『短夜』などがある。

新装版　親鸞のコスモロジー

一九九〇年一一月二〇日　初　版第一刷発行
二〇二四年　四　月二五日　新装版第一刷発行

著　者　大峯　顯
発行者　西村明高
発行所　株式会社　法藏館
京都市下京区正面通烏丸東入
郵便番号　六〇〇－八一五三
電話　〇七五－三四三－〇〇三〇（編集）
〇七五－三四三－五六五六（営業）

装幀　山崎　登
印刷・製本　亜細亜印刷株式会社

ISBN 978-4-8318-6700-1 C0015